决策参考(8)

转型时期的金融控制

——基于中央银行信贷政策视角的分析

高玉泽　著

中国言实出版社

图书在版编目（CIP）数据

转型时期的金融控制 / 高玉泽著. -- 北京：中国
言实出版社，2013.10
　　ISBN 978-7-5171-0223-6

　　Ⅰ.①转… Ⅱ.①高… Ⅲ.①金融体制—经济体制改
革—研究—中国 Ⅳ.①F832.1

　　中国版本图书馆 CIP 数据核字(2013)第 237086 号

责任编辑：肖　彭

出版发行	中国言实出版社	
	地　址：北京市朝阳区北苑路 180 号加利大厦 5 号楼 105 室	
	邮　编：100101	
	电　话：64966714（发行部）　51147960（邮　购）	
	64924853（总编室）　68586963（团　购）	
	网　址：www.zgyscbs.cn	
	E-mail: zgyscbs@263.net	
经　销	新华书店	
印　刷	北京画中画印刷有限公司	
版　次	2013 年 10 月第 1 版　2013 年 10 月第 1 次印刷	
规　格	710 毫米×1000 毫米　1/16　17 印张	
字　数	260 千字	
定　价	38.00 元　　　ISBN 978-7-5171-0223-6	

《决策参考》书系出版前言

决策是对未来工作行动的目标、途径和方法所作出的选择和决定，是做好一切工作的必经步骤和前提条件。决策水平是衡量领导水平、执政水平的重要标准。决策上差之毫厘，工作中就会失之千里。决策是否科学和正确，不仅事关经济社会发展的成败兴衰，而且事关党和国家的前途命运。正因为如此，党中央、国务院历来高度重视决策能力建设，特别是党的十六大以来，更是把提高科学民主决策能力作为提高党的执政能力和领导水平的重要方面，要求各级领导机关"树立科学决策意识，健全决策机制，完善决策方式，规范决策程序，强化决策责任，保证决策的正确有效"。党的十八大报告进一步明确指出，要"坚持科学决策、民主决策、依法决策，健全决策机制和程序，发挥思想库作用，建立健全决策问责和纠错制度"。

在中央大政方针的指引下，在党和政府率先科学决策、民主决策、依法决策的示范带动下，各地区、各部门把提高决策科学化民主化水平作为落实科学发展观的具体体现，作为推动依法行政的重要环节，作为促进社会和谐的重要举措，不断健全决策机制、完善决策程序、强化责任追究制度，加快推进决策的科学化民主化。各级党政部门、企事业单位的政策研究和决策咨询部门，不仅自觉发挥推动科学决策的思想库作用，还主动围绕提高科学决策水平深入开展调查研究，为推进决策科学化民主化提供了大量重要参考依据。综观党和政府近些年来作出的正确决策，不论是全面建设小康社会、构建社会主义和谐社会等重大任务和科教兴国、可持续发展、人才强国等重大战略的提出，还是农民工权益保护、土地管理制度改革、农业补贴、能源价格、社会保障、科技、文化、教育、医疗卫生事业发展等具体政策措施的制定出台，都是在深入调查研究基础上作出的科学决策，也都凝聚着政策研究和决策咨询工作者的智慧和汗水。

本套丛书所收录的书稿，是国务院政策研究和咨询部门——国务院研究室的同志，以及地方党委、政府、企事业单位的政策研究部门围绕中心工作，独立或与其他部门同志合作调查研究后形成的优秀调研成果。其中，很多成果得到了国务院领导同志，省、部领导同志的重视和批示，为相关政策制定和实施发挥了重要推动作用，为党和政府科学决策、民主决策、依法决策提供了重要参考。总的看，这些决策参考成果主要有三个特点：一是把调查研究作为提出决策参考的基本方法和必经程序，充分体现了我们党坚持实事求是、与时俱进，运用马克思主义的立场、观点和方法积极探索建设中国特色社会主义的科学精神；二是把调查研究作为把握工作主动权、推动工作创新的重要抓手，针对经济社会发展中的重点、难点、热点问题，集中力量深入研究，提出解决问题的目标和措施，创造性地推动工作；三是把调查研究作为密切联系群众的基本实现形式，坚持问政于民、问需于民、问计于民，既认真总结群众在实践中创造的好经验、好做法，又注重倾听群众对现行政策措施的看法和意见，提出的政策建议最终都受到群众的欢迎和拥护。

我们相信，认真分析研究这套丛书中的决策参考成果和其推动出台的政策措施，对于及时跟踪和发现经济社会发展中的热点、难点问题，深入开展调查研究，提出具有针对性、操作性的政策建议，更好地推动科学民主决策将具有重要作用。

编　者

2013 年 8 月

目 录

引　言

1998 年，中央银行取消对商业银行的贷款规模限制，由"指令性"改为"指导性"。此后十多年，中央银行经历了由直接调控向间接调控的转变，不再直接干预商业银行经营，转而运用多种货币政策工具，对金融市场进行价格调控和数量调控。

在货币政策的诸多工具中，公众大多关注利率、存款准备金率、公开市场操作以及汇率、再贷款等，往往忽视了一项特殊的政策工具，即信贷政策。此政策工具一度被视为计划经济遗留下来的产物，甚至认为其存在即为政府干预，终将被淘汰。不过历经多年，此工具至今仍在不断衍生新内涵。

信贷政策亦称"窗口指导"，实质上其含义已超出"窗口指导"范畴。此称呼为"内部粮票"，本应该有更准确的说法，可惜局内人抱残守缺，一仍其旧，外人则无法参透其内在机理，结果至今依然以此命名。这一工具之所以存在，与经济结构性问题有关。

十多年来，我国经济在总量失衡与结构调整之间徘徊，给中央银行宏观调控带来了挑战。传统意义上的货币政策，是总量性质的政策，具有"非歧视性"、"非排他性"特征，一视同仁。一旦特定市场、区域、行业、领域过度繁荣或萧条，货币政策的"一刀切"特征，很难发挥调控作用。相反，信贷政策的"高动员度"和"高指向度"决定了其"歧视性"、"排他性"特征，恰恰是进行结构调整的有效工具，可以配合货币政策进行总量和结构的双重调节。

以日本为例，传统宏观经济理论无法解释日本的经济波动。在利率、物价和实体经济均处于平稳运行的情况下，危机发生。罪魁祸首不是来自产品市场或要素市场，而是资产价格波动。日本在泡沫经济破灭前，宏观经济指标一切正常，通货膨胀2%左右，失业率2%左右，长期利率维持在3%的水平上，消费、投资、进出口都处于正常的波动区间，而仅仅是以房地产市场和股票市场为代表的资产价格急剧飚升，就导致日本经济陷入长期萧条。日本教训引发的争论之一是，中央银行到底要实行总量调控还是选择性调控？

在货币政策的职能中，总量控制始终是第一位的。但是，转型国家的中央银行绝不能忽视选择性控制的作用。由于转型国家普遍存在结构性问题，如果没有选择性控制，中央银行就没有权力或办法在萧条部门或市场鼓励扩张，或限制那些进一步扩张会导致不协调的部门或市场。

如果一个或几个部门的过高(投机的)增长率造成了扭曲，从而威胁到整个经济金融的稳定，那么单纯依靠总量控制将处于两难境地。因为总量控制是非歧视性、非排他性的，要么允许不平衡的扩张继续发展下去，要么实行普遍限制，后者会在一定程度上影响到所有部门。如果一些部门本来就不景气，那么总量控制将使它们的情况变得更糟，结果是不利于经济金融的普遍稳定。

不可否认，在货币政策工具的选择上，许多国家由直接向间接转变，政策工具更加市场化。政府曾经强制运用的工具，不断弱化，甚至逐渐消失，公开市场业务等市场化工具迅速发展，货币政策操作更具弹性、更市场化、更有效率。但是，由于经济的一系列结构性问题，仅仅依赖总量性调控，很难起到应有的效果，需要实施选择性控制，对特定市场发挥调控作用而不受制于整体经济。

"改革是中国最大的红利"，长期以来，社会各界对改革一片赞誉，只要政府放权让利，总能赢得掌声。如今，改革已步入"深水区"。一项改革措施出台，往往质疑声四起，甚至迫使改革停滞。究其原因，其艰难不仅在于"利益"，还在于"风险"。修修补补、放权让利式的改革，难以释放出"最大的红利"。真正能够释放"红利"的改革，大多是"硬骨头"，牵一发而动全身，已非"分蛋糕"那么简单、容易，改革可能带来的风险，越来越不可预测。

改革开放不过三十多年，改革了多少年？又有多少是因"改革"而"改革"的？"红利"首先要能够产生"利益"，而不是带来"风险"，金融改革尤其要小心翼翼。对发展中国家而言，实现市场化配置稀缺资本，将是一个过程，需要时间，需要解决先后次序。

转型时期，政府既要下决心推进改革，最大限度发挥市场配置资源的基础性作用，又要避免太过仓促采取行动。金融领域的草率行动，容易迅速暴露实体经济的矛盾，引发信心危机和造成风险扩散。这需要把握好"度"。这是转型时期实施金融控制的理由之一。

本书基于我国中央银行信贷政策的视角，从政府部门、企业部门、居民部门、金融部门等四个部门，对转型时期的金融控制进行研究。分析认为，1998年以来，我国中央银行信贷政策的主要内容，是实施选择性金融控制，对特定市场、特定主体施加特殊影响，以抑制金融市场的过度繁荣或萧条，促进经济协调、平衡、可持续增长。

第一，对特定主体实施金融控制。其对象是国有银行。1998年以后，中央银行不再直接控制国有银行的信贷投向，对外宣称亦不限制其规模，但实际又不得不以"窗口指导"等多种形式予以约束，并通过保持国家对国有银行的控制权推进国有银行股份制改革，在确保金融稳定的情况下实现金融市场体系由单一银行型转向多元市场型。

第二，对特定市场实施金融控制。主要针对房地产市场、证券市场、消费市场，实施"歧视性"、"排他性"规则。这些规则与西方国家中央银行是一致的，不同之处在于作用范围和方式。2008年国际金融危机以来，一些规则已被纳入宏观审慎监管范畴。

第三，设定租金性质的金融控制。其本质即为金融约束论，是针对特定市场，由政府设定租金机会，引导民间部门追逐，在实现市场化配置资源的同时，达到政策意图，实现"鱼和熊掌兼得"。这种金融控制是发展中国家所普遍实施的，虽然各国所处发展阶段不同，所采用的方式、路径、规模、领域大相径庭，但其内在机理大抵如此。

必须指出，金融控制试图运用政府力量改变市场结果，表现出的是"对市场的明显不信任"，由此可能带来的道德风险、效率损失乃至资源配置扭曲等问题，是不容忽视的。归根结底，金融控制的形式、内容、领域乃至存在与否，取决于政府是否及如何对经济进行干预。

　　转型时期金融控制的内容很多。比如，搭配使用公开市场操作、差别存款准备金率等货币政策工具、推进利率市场化改革、探索人民币汇率形成机制改革、逐步实现资本项目可兑换、调节直接融资与间接融资比例等。渐进式改革决定了这些均是转型时期金融控制的重要内容，这些内容在本书中会有所涉及，但并非本书讨论的主题。

导　论

第一节　政策背景

金融抑制论把发展中国家的经济欠发达归咎于金融抑制，主张在金融受到抑制的经济中推行自由化，认为在金融部门和在其它经济部门一样，市场机制可以自动达到均衡，实现帕累托最优，坚决反对政府干预。

但是，针对市场失灵，一些学者主张政府应积极介入金融市场。理由是，贷款风险以及金融机构破产的外部性，要求政府介入；政府可以承担私人市场无法处理的与宏观经济稳定相关的社会风险问题；在市场不完善的情况下，由政府承担信息成本可使所有人都获益，可以解决竞争性市场的帕累托无效率问题；政府应该矫正私人供给不足的资源配置问题。

上世纪 90 年代后期，在金融抑制理论与内生经济增长理论的基础上，一些学者如赫尔曼、莫多克和斯蒂格利茨等提出了"金融约束"。认为如果政府通过一些金融政策，为金融部门和生产部门创造租金机会，从而给这些部门以必要的激励，可以促使它们追逐租金，并在追逐租金机会的过程中，把私人信息并入到配置决策中，从而在提高资源配置效率的同时，实现政策意图，"鱼和熊掌兼得"。

主张政府介入金融市场的经济学家认为，政府对金融市场的干预，促进了总体经济绩效的提高。主要体现在：第一，直接管制，如限制消费信贷以抑制通货膨胀，实施房地产市场和证券市场控制以防止过度投机等；第二，管制银行以提高其清偿力，防止出现系统性风险；第三，完善金融体系，填补信贷缺口；第四，实施金融限制，温和的金融压制以促进经济增长；第五，通过直接信贷支持产业政策，实现社会目标。

金融抑制、政府干预与金融约束三者关系中，关键问题在于政府与市场的作用范围。对发展中国家而言，还面临着一个初始资源配置问题，取代政府实现市场化配置稀缺资本将是一个过程，需要时间，需要解决先后次序。麦金农1997年在《经济市场化的次序》一书中指出："对一个高度受抑制的经济实行市场化，犹如在雷区行进：你的下一步很可能就是你的最后一步。"

很长时间以来，如何界定中央银行的作用和范围，如何实现市场化配置信贷资源及其制度设计，是我国中央银行面临的重要问题。

一、从卖方市场到买方市场

1997年前后，中国经济似乎一夜之间，就迎来了买方市场，告别短缺，出现过剩。曾经影响中国改革开放的"短缺经济学"就此销声匿迹，进入了历史的故纸堆。这虽是市场经济发展的必然结果，但一系列新问题随之而来。其中，最为棘手的难题之一是，总量失衡与结构调整并存。诸多经济学家将此难题比喻为，犹如一群老鼠的尾巴，纠缠在一起，究竟先砍哪一根，后砍哪一根，如何取舍？这是中央银行宏观调控转型的背景之一——经济环境。

二、从亚洲金融危机到国际金融危机

1997年亚洲金融危机爆发，迅速席卷泰国、马来西亚、韩国和中国香港。巴菲特说，"只有在潮水退去后，才知道谁在裸泳"。东亚国家外债支撑的透支性经济、国家干预经济的粗放式增长、高估的固定汇率制度等致命缺陷暴露无遗。许多亚洲国家的信贷额占GDP比例高达115%～200%，有的国家不良贷款甚至占GDP比例高达34%～40%，东亚奇迹背后的问题可见一斑。在如此困难的局势下，中国政府依然承诺，人民币不贬值，在内外均衡中，货币政策的压力可想而知。

十年之后，次贷危机爆发。从新世纪金融公司申请破产保护、北岩银行遭挤提、贝尔斯登被摩根大通收购、"两房"被接管、雷曼兄弟破产保护、AIG寻求救助，直至希腊主权债务危机爆发、"欧猪五国"陷入危机，次贷危机到金融危机、财政危机，华尔街到欧洲乃至全球，这一长串事件令人目不暇接。这些是中国中央银行宏观调控转型的背景之二——国际环境。

三、从直接调控到间接调控

在上述两大背景下，中央银行金融宏观调控艰难转型，由直接调控转向间接调控。1998年，人民银行实施了两项改革，为走向间接调控放手一搏。改革之一，取消了实行近五十年的贷款规模限制，国有银行逐步推行资产负债比例管理，货币供应量成为中介目标。改革之二，则是建立"大区分行"体制，即跨省区成立大区分行体制，试图以此摆脱地方政府的干预。

不过，之后数年的实践表明，鉴于经济转型之曲折艰难，贷款规模限制很难彻底取消，无非是由"硬约束"变为"软约束"，仍需以"窗口指导"、道义劝说等形式予以约束。人民银行大区分行体制改革，则被诟病至今，现已有名无实，诸多领域已"回归"省分行体制。尽管如此，当年这些改革颇为大胆，吸取了亚洲金融危机的教训，摒弃了政府干预金融资源配置的行政之举，在实现中央银行独立性上功不可没。自此之后，中央政府再也没有研究过具体的贷款项目，地方政府干预金融的痼疾逐步得以解决。但伴随而来的问题是，在市场经济不发达、市场体系不健全的转型经济时期，中央银行如何确保金融资源得以优化配置？在总量失衡与结构调整的双重困境下如何实现"以币值稳定促进经济增长"的目标？

如何解决总量与调整的双重问题，理论界基本上形成了两种思路：

第一条思路，认为应通过调整结构解决总量过剩。认为过剩是由于供给结构不能满足需求结构的变化而造成的。所以，必须大力进行结构调整，促进产业升级，减少无效供给。但是一些人指出，受资金、技术等因素的制约，结构调整绝不是一蹴而就的。相反，单纯调整结构，势必引发更多的失业，并进一步加剧社会购买力不足，致使过剩更加严重。

第二条思路，主张通过刺激需求来解决总量过剩，进行结构调整。认为在有效需求不足的情况下，应寄希望于需求管理政策，通过财政政策和货币政策来刺激消费需求，带动总需求，通过需求变化引导结构调整。但还有一些人认为，"马拉缰绳"理论[1]及需求管理经验表明，在经济衰退时期货币政策的作

---

[1]一些经济学家把货币政策抑制通货膨胀，喻为马用缰绳拉车前进，意指效果很好；而把货币政策抵御经济萧条，喻为马用缰绳使车后退，即政策很难发挥作用。

用并不明显，甚至是无效的；财政政策容易产生"挤出"效应，以及不具备足够的财力持续实施扩张性财政政策。

在这样的市场条件下，中央银行既要实现市场化配置信贷资源，又很难仅仅依靠总量性质的货币政策来解决总量失衡与结构调整的双重问题，只能求助于信贷政策，在进行总量调控的同时促进结构调整。

区域经济发展不平衡，金融市场不发达，利率没有市场化，单纯依靠财政政策调整经济结构受财力限制较大，信贷政策发挥作用是经济发展的内在要求，在相当长时期内将会存在。金融宏观调控必须努力发挥好信贷政策的作用，加强信贷政策与产业政策、就业政策和金融监管政策的有机协调配合，努力实现总量平衡和结构优化。

第二节　政策内涵

在货币和市场化高度发达的西方国家，货币政策主要调控货币供应总量，财政、税收、价格等经济政策主要调整经济结构。这种政策分工与西方国家的经济制度、市场结构是紧密联系的。而我国中央银行宏观调控则同时兼具两方面功能：一是调控货币供求，实现总量平衡；二是从信贷领域，承担结构调整任务。后者即是信贷政策的职能。

其基本理由是：第一，中央银行的信贷政策融于货币政策的内涵中，只是在一定的条件下表现了更强烈的结构调整的政策意向；第二，这是经济发展和体制变革阶段性的产物，在市场经济体制走向成熟化和高级化后，信贷政策的制定和运作主体位移于商业银行，其政策内容属性转化为商业银行经营的基本原则；第三，产业政策既是信贷政策的实施对象又是其调整结构目标实现的重要表现形式，但产业政策的导向作用必须兼容在信贷政策的基本原则范围之内；第四，信贷政策性质决定了它需要其它相关经济政策协调配合和综合运作，这样才能保证信贷政策的运作效果和产生共振效应。

上述表述，大致可勾勒出"信贷政策"的基本框架。但部分表述有待商榷。譬如，对房地产市场和证券市场实施的选择性控制，已经属于宏观审慎监管的范畴，与货币政策有较大区别。此类政策在归属上，究竟属于中央银行的职能，还是金融监管部门的职能，并未达成一致。此外，许多政策并非全部融于货币政策之中，很大程度上是游离于传统意义上的货币政策之外，且其职能最终恐怕很难位移于商业银行范畴。

我国中央银行信贷政策的标准表述为——"信贷政策是宏观经济政策的重要组成部分，是中国人民银行根据国家宏观调控和产业政策要求，对金融机构信贷总量和投向实施引导、调控和监督，促使信贷投向不断优化，实现信贷资金优化配置并促进经济结构调整的重要手段"。制定和实施信贷政策是人民银行的重要职责。

1998 年以来，我国中央银行信贷政策的主要内容是实施选择性金融控制，对特定市场、特定主体施加特殊影响。

第一，对特定主体实施选择性控制，主要对象是国有银行。因为国有银行与中央银行有天然的联系，中央银行可以依靠其贯彻货币政策意图，确保金融宏观调控有效，以及在确保金融稳定的前提下推进渐进式金融改革。1998 年以后，政府不再直接控制国有银行的信贷投向，对外宣称亦不限制其规模，但实际又不得不以"窗口指导"等多种形式予以约束。这意味着国有银行"得"与"失"的平衡，即国有银行在获得特许权收益的同时，也将不可避免付出额外代价，美其名曰"为国家做贡献"。这一领域的选择性控制，机理较为复杂，往往难以计算租金。

第二，对特定市场实施金融控制。主要针对房地产市场、资本市场、消费市场等三个市场，实施"歧视性"、"排他性"规则。这些规则是与西方国家中央银行一致的，不同之处仅在于作用范围与方式。通常情况下，发展中国家的三个市场，处于金融创新不足的发展阶段，选择性控制往往只能从鼓励"创新"开始，进而在达到一定市场规模后，才涉及"控制"问题。这与西方国家这三个市场的创新过度、监管滞后的特征有很大不同。此次国际金融危机以来，这些领域特别是房地产市场的选择性控制，已经被纳入宏观审慎监管的范畴。这些领域的选择性控制，是不含租金的，与金融约束论无关。

第三，设定租金性质的选择性金融控制。其本质即为金融约束论，是针对特定市场，由政府设定租金机会，引导民间部门追逐，在实现市场化配置资源的同时，达到政策意图，实现"鱼和熊掌兼得"。这种金融控制是发展中国家普遍实施的，虽然所处的发展阶段不同，所采用的方式、路径、规模、领域大相径庭，但其内在机理大抵如此。

这里所指的租金，实际上是租金差额的概念。学者周业安、万安培等认为，传统的租金概念，是指超出机会成本的额外收益。新制度经济学的租金概念，是指从事直接非生产性活动的资源浪费。本文所指的租金是指政府出于选择性控制目的，而基于经济主体差异，所设定的租金对比，是对比所产生的差额概念。租金来源于两个途径：第一，特定市场或不同经济主体的信贷成本差异；第二，中央银行或政府对不同经济主体提供的排它性资金所带来的信贷成本差异。

第三节　基本框架

按照主体划分，一国经济通常可分成四个部门，即政府部门、企业部门、居民部门、金融部门①。有鉴于此，本书的主要内容按照如下顺序安排：

导论，即本章，旨在提出转型时期金融控制的政策背景和基本框架。

第一章，为理论基础。主要对实施信贷政策的理由，总量控制与无租金金融控制，金融约束、信贷补贴与租金金融控制，金融管制与信贷政策等进行理论分析。

第二章，为信贷政策的发展历程。主要包括我国中央银行信贷政策的三个发展阶段、"十一五"期间信贷政策等。

第三章，政府部门的金融控制。1998 年以前的大多时期内，政府直接控制信贷，银行不过是"钱袋子"，政府干预金融饱受诟病。1998 年以后，开始试图摆脱政府干预金融，厘清两者之间的界限。一种看似绑架"政府信用"，其实是政府和银行"一个愿打、一个愿挨"的融合模式逐渐产生，并在 2009 年应对国际金融危机时达到顶峰，这就是地方政府融资平台贷款。

第四章、第五章，为企业部门的金融控制。金融控制在国有部门与非国有部门之间有很大不同。在租金配置上，两者是反向的，国有部门是从金融部门转移租金，而非国有部门是向金融部门转移租金，差别还不仅仅于此。对中央银行金融控制而言，企业部门远没有居民部门那么乐观。

第六章、第七章，为居民部门的金融控制。1998 年以后，居民部门面临

---

① 说明：这里没有考虑国外部门。我国设立了中国进出口银行负责进出口项目和境外投资融资，设立了中国出口信用保险公司负责提供境外担保，以"政府信用"扶持对外贸易和投资。近年来，国家开发银行亦逐渐介入境外投融资领域。此课题已超出本文研究范畴，这里不予讨论。

着两个突出问题，一是居民消费需求不足，二是隐性失业显性化。如何扩大消费需求、解决就业就成为信贷政策的核心内容。关于前者，中央银行采取的措施是实行消费信贷，扩大消费需求，为居民部门的第Ⅰ类金融控制；关于后者，中央银行采取的措施是发放小额信贷，扩大投资需求，为居民部门的第Ⅱ类金融控制。我们将分两章对上述问题展开论述。

第八章，金融部门的选择性控制之一——对国有银行的选择性控制。1998年以后，政府不再直接控制国有银行的信贷投向，对外宣称亦不限制其规模，但实际又不得不以"窗口指导"等多种形式予以约束。国有银行与中央银行有天然的联系，中央银行可以依靠其贯彻政策意图，确保金融宏观调控有效，以及渐进式金融改革得以成功进行。既要保持对国有商业银行的控制，又要推进国有商业银行市场化改革，首要的是健全其激励—约束机制。

第九章，金融部门的选择性控制之二——对金融市场的选择性控制。1998年以来，中国金融市场体系由银行主导向金融市场为主转变。在此过程中，选择性控制的目的在于，在确保金融稳定的前提下，逐步打破单一银行体系，既要做大蛋糕，亦要注意切分蛋糕，即在促进金融市场规模扩张的同时，促进各个金融子市场均衡协调发展，建立多元金融市场体系。

第十章，金融部门的选择性控制之三，即证券市场、房地产市场以及消费市场的选择性控制。这三类市场的基本特征是，市场从无到有，由小到大，初期以"创新"为主，当达到一定规模和比例时，即可演变为对特定市场的宏观审慎监管政策。前两类是资产市场，消费市场选择性控制始于"反通货紧缩"的理念，已经部分包含租金，故放到第六章论述。

第十一章，对信贷创新与信贷政策进行分析，对诱致性信贷创新与强制性信贷创新进行区分。

第十二章，信贷政策展望。重点对租金规模、利益分配、政策方式、资源配置等问题进行论述，指出我国未来金融控制的发展方向，并对如何提高金融控制的有效性给予政策建议。

第四节　主要价值与不足之处

由于选择的时期特殊，是转型经济时期；选择的研究对象特殊，是中央银行的政策工具之一——信贷政策，因此许多研究都具有一定创新性。

第一，提出 1998 年以来中央银行实施信贷政策的主要内容是实行金融控制，对特定市场、特定主体施加特殊影响。试图把信贷政策统一纳入中央银行政策框架中，并以此评价中央银行在转型经济中发挥了什么样的作用以及怎样发挥作用等。

第二，论述了信贷政策与货币政策其它工具之间的关系。比如信贷政策与利率、再贷款等的相互关系等。对这些问题的论述，将有助于完整理解信贷政策与货币政策的关系。

第三，首次通过信贷政策视角来分析转型期宏观经济政策、金融体制改革等重要问题，重点分析信贷政策与财政政策、国有商业银行改革等的关系问题。

第四，对政府部门、企业部门、居民部门、金融部门等四个部门的选择性控制分析，以及由此所创造的租金规模与租金配置问题的研究，在以往文献中是少见的。

第五，梳理了我国中央银行信贷政策体系的发展历程，重点对"十一五"期间信贷政策进行了分析，指出未来金融控制的发展方向，并对如何提高信贷政策的有效性提出了政策建议。

当然，一些论述难免挂一漏万。因此，本书最多只能算为这项研究提供了一个建设性的研究框架，许多方面还有待于改进和补充。不足之处主要在于以下几点：

第一，没有对信贷政策的总体效果进行定量分析。因为很难区分信贷政策的作用范围，所以它的作用也就很难量化。

第二，企业部门和居民部门的租金计算过于简单。鉴于租金本身较难定义，不易区分，数额、比例均难以确定，故对其具体规模的测算，实属不易，只能大致估计。

第三，研究具有短期的性质，仅管所提出的政策建议包含了某些长期的成分。也就是说，在一个转型经济国家，信贷政策是一个变数，它会随着市场经济的逐步深入而不断变化，一些政策可能仅在很短的一个时期内存在，如何得出一个完整的中央银行金融控制理论，还需要付出更多的努力。

第四，从分析方法看，主要依赖于静态分析和比较静态分析，没有进行动态分析；同时，偏向于描述性分析，模型构建比较简单，若想得出更为精确的结论和完整的发展框架，还需要进行更深入的研究。

第一章

理论基础

转型时期的金融控制，涉及政府干预理论、金融发展理论、金融监管理论等多个理论范畴。这些均是实施信贷政策的理论基础。

第一节　政府干预：实施选择性控制的理由

政府干预理论繁多，这里仅仅限定为"金融控制"，即政府介入私人信贷市场分配性质的"政府干预"。

根据新古典理论，信贷资金配置问题，如同大多数经济问题一样，最好由市场机制来解决。新古典理论认为，没有政府干预阻碍的金融市场及其竞争，长期看来将趋于使信贷资源的利用率最大化，并带来一个产生帕累托最优的社会福利资源配置结构，这种观点长期影响着政府决策，尽管很难发现一个发展中国家准备把其经济命运完全寄托在市场力量的自由运作上。

需要政府干预，有两个重要原因。第一，自由放任不一定确保出现最佳的储蓄率和投资率；第二，市场自发形成的资源配置结构，不可能是增进社会福利的最适当结构。而政府干预可以做到。

对发展中国家的金融市场而言，政府干预较为重要的理由可以分为五类：

（一）市场机制功效不高。

发展中国家对金融市场实施政府干预的一个重要原因是，市场力量的运作效率比发达国家要低。资金对市场信号的反应缓慢、迟滞，资金的流动性较低。市场主体对资金价格信号刺激所作的预期倾向于短期化，不足以保持投资资源配置的长期性。比如农业部门，即使农产品市场化了，我们仍然不能肯定农户对价格和利润的刺激会作出多快和多大的反应。另外农户获得贷款的机会有限，以及农产品流通的限制，都严重制约了生产对价格和资金需求的变化作出反应。比如阿根廷在 1957 年至 1964 年连续实行了通货贬值，试图以此来促进农业生产，但是并未产生任何实际的效果。中国实行的以农业发展银行为信贷主体的粮食流通体制改革，也被很多人视为失败的案例。

相反，后文会论述到的通过信贷政策定向贷款给农户的形式，却取得了很大成绩。

(二) 经济发展不平衡。

发展中国家的经济发展不平衡大致分为三类：一是地区差距，二是城乡差距，三是收入分配差距。市场机制下的资源配置结构，与最终需求结构是一致的，而最终需求结构又决定于分配结构。很明显，经济发展越不平衡，信贷资金的配置就越有可能倾向于富裕地区、城镇以及高收入阶层。中国的情况就是最好的例证。1998 年金融部门实行的"信贷集中"战略就是典型的"嫌贫爱富"，进一步导致了这种不平衡状态。如果政府不对此进行干预就会导致"失衡发展"。

(三) 私人成本收益与社会成本收益差异。

这是政府干预金融市场的第三个理由。金融部门更关心贷款风险与收益，不能指望它对通常所谓的"外部效应"给予什么关注。这种"外部效应"，包括对就业和结构的影响、对地区和产业的影响、对环境的影响、对收入分配的影响，以及系统性风险等。无论这些副作用是否可以衡量，其对一个国家的长期健康发展都具有重大的意义。这就是私人成本收益与社会成本收益差异之所在。一般而言，私人成本收益与社会成本收益差异越大，政府干预金融市场的必要性越大。

(四) 基于长期而不是短期的考虑。

一项投资决策即使在短期能使社会效益最大化，从长期动态的观点看，也不一定是最佳的政策。基于长期的考虑是政府干预的一个重要理由。比如幼稚产业论。以穆勒为代表的一些经济学家认为，规模经济非常重要，在一个产业尚未达到最适规模运营时，为了防止竞争，应予以一定的保护和支持。发展中国家的许多生产部门是在收益递增的条件下经营，考虑到"边干边学"以及"联动效应"，生产率随着实践的推移是逐步提高的，在信贷资金配置上给予一定的扶持是必要的。

(五) 货币政策目标多元化倾向。

每一次大的危机过后，货币政策框架均有较大调整。2008 年国际金融危机爆发后，经济学家普遍对货币政策框架进行深刻反思。许多经济学家认为，货币政策应有更多的目标，比如管理通胀预期、服务实体经济、维护金融稳定等。更多的目标，意味着更多的职能，以及相应的政策工具。当然，更多的目标，也意味着更加难以评估中央银行的政策，以及对中央银行进行问责。

　　1998 年以来，对中国而言，上述五种理由均构成中央银行实施信贷政策的理由。

第二节　总量控制、选择性控制
与宏观审慎监管

　　中央银行对商业银行实施信用控制，分为总量控制与选择性控制两类。总量控制又称为一般性信用控制，主要通过对公开市场业务、再贴现率与法定准备金比率三大政策工具的实施，达到调控货币与信贷的供应总量，又称为"量的控制"。20 世纪 30 年代以后，随着经济金融的发展，许多国家的中央银行又采用了加选择的信用控制方法，其目标在于调节信贷在使用者与用途之间的配置，特点是信用控制的对象是特定的，又称为"质的控制"。这种"选择性控制"对"特殊市场具有特殊的初始影响"，正如梅耶、杜森贝利和阿利伯所说那样，这些特殊市场是独立于货币政策的影响的。

　　总量控制与选择性控制的最本质的区别是，是否干预私人信贷市场分配。总量控制的直接目的是，调节货币与信贷的供应总量，并不是要规定信贷总量在各类借款人之间或各种可能用途之间如何分配，即便在上述分配方面有一些影响，那也是无意中产生的，分配信贷的职能是私人市场完成的。而选择性控制的意图是要干预私人信贷市场的分配机能，这种管理也可能影响信贷总量，但那是第二位的。

　　在货币政策的职能中，总量控制总是第一位的。货币政策是运用中央银行对货币供应量的控制作为实现一般经济政策目标的一种手段。在货币政策有助于实现诸如充分就业、价格稳定和经济增长之类的目标限度内，它主要是通过对总需求以及对货币收入水平的影响而发挥作用。

　　但是，中央银行绝不能忽视选择性控制的重要作用。如果没有选择性控制，中央银行就没有权力或办法在萧条部门或市场鼓励扩张，或限制那些进一步扩张会导致经济不协调的其它部门或市场。如果一个或几个经济部门的过高（投机的）增长率造成了扭曲，从而威胁到整个经济的稳定，那么单纯依靠总量控制将处于两难境地。因为总量控制是非排它性的，要么允许不平衡的扩张继续发展下去，要么实行普遍限制，后者会在一定程度上影响到所有经济部门。因为通过各种经济渠道，总量控制将有选择地注入不同的经济部门。如果一些部门本来就不景气，那么总量控制的结果是，它们的情况会变得更糟。即便是正常扩张或发展的部门，也会因此受到阻碍或限制。总的结果是不利于经济的普遍稳定。因此，"如果这些一般的或定量的货币控制，对那些出于不顾一切的投机性的利润预期而从事不合理扩张的部门，只有很小的影响，那么这种控制的净结果，将比什么都不干还要坏！"

事实上，在《就业、利息与货币通论》中，凯恩斯本人在原则上并不反对运用选择性控制去影响信贷在工业与金融部门之间的分配，或以此去解决某部门的不稳定发展问题。在一定条件下，他赞成对金融与工业借款者实行区别性"贷款"（或者规定不同的利率，或者分配不同量的资金）。

我国信贷政策中的选择性控制，包含内容非常广泛。一是选择性信贷限制，比如对证券市场融资的限制，对消费信贷的限制；二是选择性信贷支持，如对国有企业的信贷支持等；三是"道义劝说"或是"窗口指导"，就是要运用中央银行的说服力来影响银行或各个金融机构实施不同行为。有些时候，"道义劝说"或"窗口指导"的作用要比许多政策工具都有效，这时候，"道义劝说"已经不仅仅是"道义"上的意义了。

由于选择性控制的一个重要方式之一是"窗口指导"或"道义劝说"，一些经济学家就此认为，信贷政策只是一种"道义劝说"或是"窗口指导"。"从货币理论看，许多信贷政策手段，诸如允许房地产抵押贷款、助学贷款、证券公司进入货币市场融资、股票抵押贷款等，实际是金融制度革新"，他们认为信贷政策的这些内容"不属于货币政策的范畴"。这种观点代表了大多数人的意见。

但是，他们忽略了一个重要的问题，那就是无论哪一种选择性控制，最终目的都是对特定市场实施特殊影响，信贷创新仅仅是手段，是工具，绝不是最终目的，中央银行推出这些政策的更为重要的目的是，对这些金融市场实施"选择性控制"。

第三节　金融约束、信贷补贴与租金

租金性质的选择性控制，在发展中国家较为普遍。其目的是对一些特定的市场或领域，通过政府设定租金机会，引导民间部门追逐，从而实现市场化配置资源，实施政府干预。这是不同于前一节讲到的选择性控制的本质之处。

针对麦金农等人反对金融抑制主张金融自由化的观点，赫尔曼、莫多克和斯蒂格利茨提出了"金融约束"理论。他们认为，如果政府通过一些金融政策为金融部门和生产部门创造租金机会，对这些部门加以必要的激励，可以促使它们追逐租金，并在追逐租金机会的过程中，把私人信息并入到配置决策中，从而提高资源配置效率。

金融约束属于政府干预范畴，但这种干预与金融抑制是不同的。对前者来说，政府干预的目的是在民间部门设立租金，由金融机构与生产部门分享。在租金流动过程中，政府不占有租金；而在金融抑制状态下，政府制订利率限额设立租金，然后以通货膨胀税等形式直接占有它。金融抑制论和金融约束论二者都把市场和政府看作是一种相互替代的组织，争论之处在于市场和政府的作用范围。

含租金性质的信贷政策与金融约束都是政府有意实行一系列的金融控制，创造租金机会，并把这些租金机会与经济主体的行为以及资源配置联系起来，诱使经济主体采取对社会有益的行动，增加那些在完全竞争市场上供给不足的商品或服务，最终实现政府意图。这些行动因为私人利益与社会利益之间存在着差异，在私人市场上是无从产生的。租金的性质也都不是那些无供给弹性生产要素的收入，而是指超过竞争性市场所能产生的收益。在这一点上，二者的作用机理是一致的。

但是，信贷政策不同于金融约束的很重要一点是，它还包含信贷补贴。它不是将财富在政府部门、企业部门、居民部门与金融部门之间进行非生产性转移，而是通过向储蓄者隐性征税并对特定领域进行补贴的一种机制。对某些领域的低息贷款（或高息贷款），依赖于对存款利率以及其它贷款利率的控制，甚至由政府提供资金或中央银行提供再贷款。再贷款的利率非常低，规模很大，有时成为一些银行为特定领域提供贷款的主要资金来源之一，比如农村信用社农户小额信贷等。

选择性信贷补贴，在发展中国家非常普遍，主要有三种形式：第一种是高准备要求，贷款组合由中央银行指定；第二种是特别贷款机构，由特别贷款机构以非均衡的低利率将资金用于特定领域；第三种是限定存贷款利率上限，由一些人隐性补贴另一些人。信贷政策所包含的选择性信贷补贴，不是第一种或第二种——第一种在 1997 年已经取消，第二种主要由三家政策性银行负责。第三种才属于信贷政策范畴，它通过创造利差（或含再贷款或政府资金）等形式实施选择性信贷补贴。补贴本身就是一种租金机会。

租金性质决定了中央银行信贷政策并非静态的政策，其程度是随着经济金融的发展需要而不断调整的。在金融发展的初期，信贷政策的程度较高，可以采取多种措施；在金融发展的较高阶段，信贷政策的程度将相对减轻一些，一些政策将逐步取消。

第四节　金融管制

　　所谓金融管制，《新帕尔格雷夫经济学大词典》给出的定义是："政府以公开的努力控制公司价格、销售及生产决策的措施，其目的在于防止那些未能充分考虑'公众利益'的私人决策发生。"换句话说，金融管制就是指依据一定的规则对构成特定社会的个人和构成特定经济的经济主体的活动进行限制的行为。一般来讲，管制可以分为社会性管制和经济性管制。经济性管制又可分为直接管制和间接管制。金融管制与信贷政策不完全相同，区别主要有两点：

　　第一，从本质上说，金融管制的理论依据是金融市场失效。市场失效主要表现在公共产品、外部性、信息不对称、不完全竞争、不确定性等方面。金融管制的目的是维护市场秩序。与金融管制不同，信贷政策走得更远，它是让中央银行而不是让市场主体去决策的一种博弈规则。理论依据是政府设想通过中央银行的选择性干预能够实现帕累托改进，或者在存在约束条件的情况下达到一种次优的配置效果。

　　第二，金融管制的目的是制定规则，是提供一个市场竞争的框架，不直接介入私人信贷市场。比如，一个银行的风险太大，可能存在私人成本社会化，对社会造成效率损害，于是通过金融管制使得银行风险接近市场竞争所能承受的水平，避免社会福利损失。这一点与无租金性质的信贷政策是一致的，但是不同于租金性质的信贷政策。后者是政府通过设定租金介入私人信贷市场，是为解决私人利益与社会利益的差异而努力推行的，不是取代私人信贷，而是补充私人信贷市场，实现的是非经济目标。这个目的可能与市场竞争和社会福利目标没有任何关系，甚至完全偏离了市场竞争和社会福利目标。金融管制是决不介入私人信贷市场分配的，尽管它不可避免会对私人信贷市场配置产生影响。

所以，信贷政策很容易被理解为行政手段。许多人认为，信贷政策是计划经济遗留下来的，是中央银行唯一一个行政手段，是直接干预。国际货币基金组织在基金磋商报告中，多次明确表示了对中国中央银行实施信贷政策的担忧，他们认为，中国的信贷政策干预了商业银行的经营自主权。

实际上，信贷政策并不干预商业银行的经营自主权，戴相龙曾明确表示：商业银行贷与不贷，贷多贷少，贷给谁，怎么贷，信贷政策概不干涉，不具有强制性。信贷政策并不直接配置资源，"既不是数量性工具，也不是价格性工具"，而是一个软约束，如谢平所讲："贷款程序、贷款数量的决定权仍掌握在商业银行手中"。这一点与行政干预有着本质的区别。尽管规定信贷政策有三种政策手段，法律的、经济的以及行政的手段和措施，其中包含了行政干预，但是这种行政干预更多的是基于指导性，而不是指令性，甚至用于不良贷款的处置或协调。

金融管制之所以饱受批评是因为：第一，管制需要成本，张维迎将之分为固定成本与变动成本，表现为资源与时间的浪费；第二，带来收入再分配，从而产生效率损失；第三，产生腐败，管制越大，腐败越多，反腐败的成本越高，反腐败的成本最终由"消费"管制者以及社会公众承担，结果导致社会福利损失；第四，管制的前提不成立。

金融管制有三个假设：管制者追求社会福利最大化、大公无私，管制者拥有完全信息，管制者具有公信力。三个假设无一成立。比如，施蒂格勒提出的"管制俘虏理论"，证明管制者与被管制者到最后，自身变成了管制的既得利益者，所以管制者总是找到更多的借口，建立起更多的规则，利用政府赋予的合法权力来创造出更多的管制。在这个意义上，信贷政策同样要受到上述批评。这也意味着信贷政策具有一定的转型特征。

第五节　三种方式

总体看，1998 年以来的信贷政策主要采取了三种方式，一种是经济方式，即政府创造租金机会，引导金融部门与民间部门追逐租金，在实现租金分配的过程中实施信贷政策；第二种是管制方式，即政府对一些部门或行业实行选择性控制，以加强管制或放松管制的方式，实行信贷控制，控制资金流向；第三种是指导方式，即通过"道义劝说"或"窗口指导"的方式，说服金融部门调整信贷方向，优化资源配置。这三种方式构成了信贷政策的核心机制。

（一）经济的方式——信贷政策的主要激励手段。

在这种方式中，中央银行发挥了两个方面的作用。一方面，创造租金。租金机会是中央银行或政府创造的，创造的动机是为了实现某种政策目标。另一方面，提供租金。与前者不同的是，中央银行通过直接提供租金来创造租金机会，直接参与租金配置。最初的租金有一部分是中央银行提供的，比如，提供一定比例的再贷款，然后再通过租金制度设计，创造租金机会，引导资源配置。当然，租金主要来源应为财政，这又涉及货币政策与财政政策的搭配问题。

在整个过程中，中央银行没有攫取任何租金，资源配置是完全市场化的，这样做的好处很明显。但是，这种租金制度是否合理决定了租金作为激励因素的效率以及租金流失的多少，也是批评者集中关注的焦点。不可否认，不是所有的租金制度都是合理的、符合市场需求的，由此导致的弊端也是明显的。但是，谁都不可否认，它的选择性信贷支持功能，是转型经济时期宏观经济政策的一个重要的、有益的补充。

（二）管制的方式——信贷政策主要的约束手段。

经济方式与管制方式是相对的两种方式。前者是激励，后者是约束；前者是选择性支持，后者是选择性约束。在这种方式中，中央银行的目的是，通过"选择性约束"对证券市场、房地产市场实施特殊影响。问题在于，要有效地实施信贷市场控制，一个前提条件是，中央银行必须有能力确保控制有效。如果控制可以规避或是破坏控制的成本很低，那么这种控制就无法充分发挥作用了。

管制必须有弹性，可调节。无论是加强管制，还是放松管制，都要影响到资源配置。管制领域一般利润较高，金融部门具有强烈的放松管制要求。一旦管制制度不健全，管制就可以被规避；一旦中央银行管制不严，突破管制的预期成本低于管制所获得的预期收益，管制就会被破坏。盛洪说，行为屡次冲击制度，与其说行为不合理，毋宁说制度有缺陷。

（三）指导的方式——信贷政策的软约束。

在这种方式中，中央银行以自身特有的身份或优势，以说服的方式，帮助金融部门趋利避害。在通常情况下，"道义劝说"或"窗口指导"的作用是不容忽视的，因为它表明了中央银行的政策意图。但是，问题在于，要让指导方式发挥作用，一个基本的前提是，中央银行是权威的，指导的方向是符合民间部门利益需求的。

指导的方式，既然是一个软约束，就意味着它既不能替代经济方式，更不能替代管制方式。经济的方式既然是一个激励问题，其根本的解决办法当然得主要依靠经济手段，指导的方式不但无法替代经济手段，而且常常产生负的激励效果。同样，管制的方式既然是一个约束问题，软约束无疑也是无法替代它的。

三种方式是否会随着市场经济的逐步深化而有所改变？答案是肯定的。随着市场经济发展，三种方式将呈现出此消彼涨的局面。选择性支持将逐步被市场的方式取代，中央银行无需再创造租金或提供租金，经济方式将逐步退出大部分领域；选择性约束将逐步放松，管制方式更加灵活，甚至完全放开，由市场自发调节；与前两者相反，第三种方式——指导的方式将发挥更大的作用，一旦中央银行具有较强的权威，中央银行的建议更具建设性，指导的方向符合金融部门与民间部门的利益需要，那么"道义劝说"或"窗口指导"将在资源配置中发挥更大的作用。

第六节　决策机制、目标约束与传导机制

　　信贷政策由直接调控向选择性控制的转变，不仅仅提高了资源配置的效率，更为重要的是实现了一个分散了的决策过程，即相关经济主体都可以充分地利用其所观察到的信息，来影响政府决策。而人们之所以愿意去发现信息，利用获得的信息，愿意向决策者无偿地提供他所发现或获得的信息，是因为他可以从中得到回报，这就是市场经济背后的激励。

　　信贷政策的决策机制力图充分体现这种激励。整个决策过程是：

　　中央银行事先做出需求估计→然后到市场上收集信息→再制定政策草案→再到市场上征求意见→做出事后评估总结→最后制定政策

　　整个过程可以被认为是一个典型的贝叶斯估计过程（Bayesian Estimation Process）。需要特别强调的是，信息极为重要，这里的信息不仅仅包含"专家知识"，专家知识非常重要，它是人类对经济规律的总结和提炼，还包括那种分散在大众中的、非专业的非常本地化的知识，哈耶克称之为"本地信息"（Local Information）。

　　但是，信贷政策的制定很难避免利益集团的牵制。按照米尔格罗姆和罗伯茨的"影响活动"（Influence Activity）理论，在任何组织中，只要有一个上级要做出决策，大家都要在里面做很多"寻租"活动，以影响上级决策。由于信贷政策是一种集权的决策机制，涉及到租金分配，"影响活动"就无法避免。

　　"影响活动"的结果是信贷政策面临着多目标约束。中央银行制定信贷政策的主要目标是，调整金融机构的信贷结构，改善社会资源配置，促进经济结构的调整。但实际上信贷政策面临着很多目标。这些目标有：结构调整、经济稳定、防范风险、健全制度、支持国有企业改革、支持非国有经济发展、配合

财政政策以及刺激消费、出口、投资以扩大内需等。

政府和各经济主体都要求信贷政策发挥更积极的作用。国家要求信贷政策有利于扩大投资、消费、进出口贸易从而扩大内需，同时促进经济结构调整，还要保持金融稳定；国有企业要求信贷政策提供资金，帮助改革脱困；中小企业希望信贷政策引导商业银行提高金融服务水平，增加信贷投入；商业银行要求信贷政策逐步放开信贷约束，允许商业银行开展新业务，开发新品种；中央银行又需要在实施信贷政策的同时，必须作到切实防范信贷风险。

多目标约束是过渡期经济对中央银行的必然要求，但是它不利于中央银行在政策选择上保持独立性。同时，由于对信贷政策的多目标约束要求过高，它迫使中央银行在多目标之间寻找平衡，往往可能采取机会主义的手段，过分注重短期效果和表面成绩。

中央银行运用金融控制，首先改变金融部门的行为，然后影响实体经济中政府部门、企业部门和居民部门的资产结构调整，从而改变全社会的总产出和价格水平。整个政策传导机制的有效性不仅取决于中央银行，还取决于金融部门、政府部门、企业部门和居民部门的市场化行为。

因此，在确定的决策机制与目标约束下，信贷政策的传导体系是：

中央银行→金融部门→政府部门、企业部门或居民部门

传导机制是：

各种信贷政策工具→操作目标（贷款总量、结构、价格）→最终目标（经济增长、结构调整或金融稳定）

涉及到的经济主体分别是政府部门、企业部门、居民部门、金融部门。在我国信贷政策的传导过程中，必须要考虑地方政府的作用。

但是，要详细说明信贷政策的传导过程是困难的，因为通道是多种的、分散的，许多相关变量无法观察。弗里德曼曾经提出了水流过海滩的比喻。他认为要预先说出水流过的地方是困难的，但有一点是肯定的：水最终要流向大海。

第二章
信贷政策的发展历程

长期以来，信贷政策是国家宏观经济政策和金融调控政策的重要组成部分，与货币政策、财政政策、产业政策乃至经济改革、金融改革等诸多宏观经济背景和微观治理结构密切相关。建国以来，我国信贷政策的发展过程大致可以划分为三个阶段。

第一节　三个发展阶段

第一阶段：信贷政策缺乏独立性、信贷管理体制集中统一(1949—1979)

我国信贷政策体系的建立起步于计划经济时期，其政策思维有着深刻的计划经济烙印，苏联货币银行学理论、马克思主义货币信用理论和苏联银行业信贷工作实践成为该时期信贷政策体系、信贷管理模式的重要基础，这就决定了我国银行兼有国家机关和金融企业双重性质，一切货币信用活动必须集中于国家银行体系。

20世纪50年代中期，我国生产资料所有制的社会主义改造基本完成，高度集中统一的计划经济管理体制初步形成，公有制经济成分逐步占垄断地位。与此相适应，银行信贷管理实行"统存统贷"，即总行将各级银行吸收的存款全部收缴，再统一核定各级银行发放贷款的计划，逐级分配下达。因此，信贷计划不仅是国家银行的主要业务计划，也是国民经济计划的组成部分。

1978年改革开放以后，我国的经济体制逐步由计划经济转向市场经济，同时，金融机构体系也由大一统的国家银行体制逐步走向多元化。西方经济学的思想成为我国信贷体制和金融体制改革的重要理论参考。

该阶段我国信贷政策体系与政策取向是由当时的经济体制和银行管理体制决定的。政府集中控制的信贷管理体制，在当时的社会历史条件下做到了"集中资金支持经济建设"。但由于信贷政策缺乏独立性，不仅从属于货币政策，还要服从财政政策，造成了国民经济发展比例严重失调和信贷资金运用财政化的现象，并带来了大量的呆账坏账损失。

第二阶段：由直接调控转向间接调控，信贷管理体制逐步放开(1979—1998)

这一阶段以1994年做为分界点分为两个时期。1979年到1994年，信贷政策总体上是按照"保证重点、压缩一般"的精神，沿着支持农业、国有大中型企业和国家重点建设三条主线实施的。这一时期信贷政策的主要内容包括：一是建立和完善了比较系统的流动资金贷款政策；二是以发放技术改造贷款为标志，信贷政策开始由单一的流动资金贷款管理拓展到固定资产贷款管理，并同时对固定资产贷款规模进行总量控制，合理安排技术改造贷款；三是根据国家的产业政策要求，遵循"区别对待、扶优限劣"的原则发放贷款。从1994年到1998年，随着《人民银行法》、《商业银行法》和《贷款通则》相继颁布，信贷政策的制定和实施有了法律依据。这一时期，信贷政策以总量控制、结构调整和综合平衡为主要内容，通过成立三家政策性银行，实行政策性业务与商业性业务分离。

该阶段，我国信贷政策体系发展的主要方向是逐步扩大专业银行特别是基层银行的自主权，有计划地放开搞活，支持社会主义商品经济发展。这在宏观调控和支持国民经济发展中发挥了重要作用，但在新旧两种经济体制并存的特殊历史时期，仍存在较多问题。一是中央银行宏观调控型信贷政策未与专业银行微观经营型政策严格区分，中央银行信贷政策不仅明确细致地规定了专业银行的贷款投向，甚至详尽地规定了如何审查贷款等业务操作层面的问题，极大地约束了专业银行信贷经营的独立性。二是没有明确区分政策性金融与商业性金融。各专业银行都承担了不同领域的政策性信贷业务，一方面商业性业务挤占了政策性业务的空间，影响了政策性贷款到位；另一方面政策性业务亏损长期挂账，又影响了商业性业务开展。三是信贷资金管理双轨制运行，计划内与计划外的资金价格差异导致部分基层银行信贷部门的权力寻租和管理混乱。

第三阶段：以选择性控制为主，管理手段逐步趋于市场化（1998年至今）

1998年，我国开始推进信贷管理体制的市场化改革以适应社会主义市场经济建设的需要。一方面推动银行企业化改革，要求各家银行按照商业银行经营的"安全性、流动性、效益性"原则实行资产负债管理；另一方面取消国有商业银行贷款规模的限额，实行适应市场经济需要的以"计划指导，自求平衡，比例管理，间接调控"为主要内容的新的信贷管理制度。

经过改革，中央银行信贷政策从形式到内容都发生巨大的变化，即主要通过实施选择性控制，对特定市场、特定主体施加特殊影响。第一，对特定主体实施选择性控制。第二，对特定市场实施金融控制，主要针对房地产市场、资本市场、消费市场实施"歧视性"、"排他性"规则。第三，是设定租金性质的选择性控制。

总体看，1979年以前，信贷政策是货币政策最重要的辅助工具，然后才是利率政策；1979年—1998年，信贷政策对货币政策的辅助作用有所下降，利率政策的辅助作用更加突出，其次是再贴现、公开市场操作和特种存款；1998年以后，信贷政策的辅助作用进一步下降，各种辅助工具的排序依次是存款准备金、再贴现、指导性信贷计划，然后才是信贷政策。

我国中央银行的信贷政策在发展过程中，始终围绕国家经济发展战略和经济金融体制改革的需要而不断完善，在信贷管理体制上经历了从高度集中统一管理到逐步放开，再到按市场化规律运作的过程。但由于我国各领域改革发展的不平衡性，市场经济基础、机制不完善，中央银行信贷政策执行有效性不足的问题也日益显现。

第二节 "十一五"期间信贷政策

"十一五"期间，我国经受了经济增长由偏快转为过热、国际金融危机、严重自然灾害、物价持续上涨等严峻挑战的考验。在此背景下，信贷政策作为我国宏观经济政策的重要组成部分，通过加大对"三农"、就业、中小企业、扶贫、助学等重点领域和薄弱环节的信贷支持，在一定程度上支持和促进了国民经济持续健康发展。

"十一五"期间，信贷政策的制定和实施涉及多个部门和多个领域，大体包含四个方面：

一是特定市场信贷政策。以房地产市场为例（见表2.1）。

表2.1："十一五"期间部分房地产信贷政策

发布时间	发布部门	政策法规名称
2006.5	人民银行	关于调整住房信贷政策有关事宜的通知
2007.9	人民银行、银监会	关于加强商业性房地产信贷管理的通知
2007.12	人民银行、银监会	关于加强商业性房地产信贷管理的补充通知
2008.10	人民银行	关于扩大商业性个人住房贷款利率下浮幅度等有关问题的通知
2010.5	建设部、人民银行、银监会	关于规范商业性个人住房贷款中第二套住房认定标准的通知
2010.9	人民银行、银监会	关于完善差别化住房信贷政策有关问题通知
2010.11	建设部、人民银行、银监会、财政部	关于规范住房公积金个人住房贷款政策有关问题的通知

二是扶持类信贷政策。即配合国家产业政策，通过贷款贴息、政策扶持等多种手段，设定租金，引导信贷资金向国家政策需要鼓励和扶持的地区及行业流动，以扶持这些地区和行业的经济发展（见表2.2）。

表 2.2："十一五"期间扶持类信贷政策

	时间	发布部门	政策法规名称
就业	2006.1	人民银行、财政部、劳动社会保障部	关于改进和完善小额担保贷款政策的通知
	2008.8	人民银行、财政部、劳动社会保障部	关于进一步改进小额担保贷款管理积极推动创业促就业的通知
	2009.10	银监会、全国总工会	关于开展工会创业小额贷款试点工作的通知
民贸民品	2006.9	人民银行	关于"十一五"期间民族贸易和民族用品生产贷款利率有关事宜的通知
	2009.3	人民银行	关于民族贸易和民族特需商品生产贷款利率事宜的通知
中小企业	2006.12	人民银行	关于中小企业信用担保体系建设相关金融服务工作的指导意见
	2008.8	银监会	关于落实"有保有压"政策，进一步改进小企业金融服务的通知
	2010.6	人民银行、银监会等	关于进一步做好中小企业金融服务工作的若干意见
助学	2007.7	银监会	关于做好家庭经济困难学生助学贷款工作的通知
	2007.8	财政部、教育部、开发银行	关于在部分地区开展生源地信用助学贷款试点的通知
	2008.9	财政部、教育部、银监会	关于大力开展生源地信用助学贷款的通知
扶贫	2008.4	扶贫办、财政部等	关于全面改革扶贫贴息贷款管理体制的通知
三农	2008.12	人民银行	关于进一步做好农田水利基本建设金融服务工作的意见
	2009.5	人民银行、财政部等	关于做好集体林权制度改革与林业发展金融服务工作的指导意见
	2010.5	人民银行、银监会等	关于全面推进农村金融产品和服务方式创新的指导意见
产业调整	2007.6	人民银行	关于改进和加强节能环保领域金融服务工作的指导意见
	2008.3	银监会	关于银行业金融机构支持服务业加快发展的指导意见
	2008.3	人民银行、银监会等	关于金融支持服务业加快发展的若干意见
	2009.6	人民银行、商务部等	关于调整出口退税托管贷款额度的通知
	2010.3	人民银行等	关于金融支持文化产业振兴和发展繁荣的指导意见

续表

	时间	发布部门	政策法规名称
救急应灾	2008.1	人民银行	关于抗御严重雨雪冰冻灾害做好金融服务工作的紧急通知
	2008.9	人民银行、银监会	关于做好金融服务促进我国奶业持续健康发展有关工作的通知
	2008.10	人民银行、银监会	关于做好汶川地震灾区农村居民住房重建信贷服务工作的指导意见
	2010.3	人民银行	关于做好春季农业生产和西南地区抗旱救灾金融服务工作的紧急通知
	2010.4	人民银行、银监会等	关于全力做好玉树地震灾区金融服务工作紧急通知
	2010.8	人民银行、银监会	关于全力做好甘肃、四川遭受特大山洪泥石流灾害地区住房重建金融支持和服务工作的指导意见

三是限制类信贷政策。引导银行业金融机构通过调整授信额度、调整信贷风险评级和风险溢价等方式，限制信贷资金向某些产业、行业及地区过度投放，体现扶优限劣原则。具体是对"两高一资"落后产能、产能过剩和重复建设等限制行业的信贷调控政策（见表2.3）。

表 2.3："十一五"期间的限制类信贷政策

发布时间	发布部门	政策法规名称
2009.9	国务院	国务院批转发改委等部门《关于抑制部分行业产能过剩和重复建设引导产业健康发展若干意见的通知》
2009.12	人民银行、银监会、证监会、保监会	关于进一步做好金融服务支持重点产业调整振兴和抑制部分行业产能过剩的指导意见
2010.5	人民银行、银监会	关于进一步做好支持节能减排和淘汰落后产能金融服务工作的意见
2010.7	财政部、发改委、人民银行、银监会	关于贯彻国务院关于加强地方政府融资平台公司管理有关问题的通知

四是信贷法律法规。旨在引导、规范和促进金融创新，防范信贷风险。例如就保障性住房、流动资金贷款等信贷管理以及支持县域经济的信贷考核等，以部门规章来规范金融机构相关信贷业务（见表2.4）。

表2.4："十一五"期间部分信贷规章类的信贷政策

发布时间	发布部门	政策法规名称
2008.1	人民银行、银监会	关于印发《经济适用住房开发贷款管理办法》的通知
2008.12	人民银行、银监会	关于印发《廉租住房建设贷款管理办法》的通知
2009.7	银监会	关于印发《项目融资业务指引》的通知
2009.7	银监会	《固定资产贷款管理暂行办法》
2010.2	银监会	《流动资金贷款管理暂行办法》
2010.2	银监会	《个人贷款管理暂行办法》
2010.9	人民银行、银监会	关于印发《关于鼓励县域法人金融机构将新增存款一定比例用于当地贷款的考核办法（试行）》的通知

第三节　简短结论

李江红 2011 年在其研究成果中指出："十一五"期间，我国信贷政策在国民经济宏观调控中发挥了重要作用，但从实施结果来看，并不尽如人意。

比如，针对中小企业和"三农"的信贷，至今仍是薄弱环节。许多信贷政策，往往会与地方政府、银行和企业的利益相冲突，因而在具体实施中，受到不同程度的抵制。

人民银行、发改委、财政部是我国宏观调控的三个重要部门，中央银行负责执行货币信贷政策，发改委负责综合平衡，财政部则侧重于财政政策。近年来，"调整经济结构、转变经济发展方式"一直是我国宏观调控的主基调。产业结构的调整，离不开信贷政策的支持，每一次产业结构调整政策的出台，势必会涉及到相关领域的信贷政策指导。而不同领域的产业政策又有不同的主导部委，如房地产领域以住房城乡建设部为主导，土地管控由国土资源部为主导，就业再就业以人力资源和社会保障部为主导等。

中央银行的"窗口指导"属于"道义劝说"的"软"约束，缺乏"硬性"的规范，导致中央银行"窗口指导"与货币信贷结构调控预期目标出现较大的差异性，常常会出现信贷政策执行不到位、信贷结构调控不尽如人意等。

金融控制的租金，通常应主要来自财政资金。只有财政资金发挥杠杆作用，撬动信贷资金，"四两拨千斤"，信贷政策才能在更大范围内真正发挥调控作用。如果大量的财政资金不是以杠杆形式与信贷政策搭配，而是直接介入经济领域，其效果必然会大打折扣，也自然会影响甚至制约信贷政策的作用范围和力度。至今，这一搭配路径仍在探索，并未被财政政策视为调控渠道之一。

　　现行《人民银行法》和《银行业监督管理法》没有清晰定义各自的"信贷政策"管理职责。尽管 2008 年 8 月国务院确定了人民银行"三定"方案，赋予人民银行"制定和实施宏观的信贷指导政策"的职能和信贷政策的宏观管理权限，但银监会与人民银行在此问题上仍处于交叉、纠结和磋商之中。

第三章

政府部门：融资平台贷款

信用，按经济主体行为划分，可以分为政府信用、银行信用、商业信用（企业）以及消费信用（居民）四种。按照"政企分开"的原则，政府部门本应远离信贷，政府信用与银行信用之间并无"交集"。因此，对于政府部门的金融控制，中央银行陷入两难。一方面，地方政府有强烈的资金需求和投资冲动，信贷资金要支持地方经济发展；另一方面，地方政府既不能直接作为借款主体，又不能作为发债主体。

　　对于政府部门的金融控制，中央银行采取的是"自下而上"的管制，即默认"创新"——继而清理整顿、制定规则——最终实现规范运行。从"打捆贷款"到"地方政府融资平台贷款"，无不采取这一控制路径。在融资渠道的控制上，则采取的是放开隐形负债（即地方政府融资平台贷款），限制显性负债（即地方政府自行发债）。

第一节　鲁滨逊经济

要分析地方政府融资平台贷款,首先要弄清"什么是信用"。这里,我们借助"鲁滨逊经济",通过逐步增加假设条件,从经济主体之间的博弈来分析信用问题。

最初,孤岛上只有鲁滨逊,鲁滨逊除拥有劳动技能外,还拥有一袋金币。在这种条件下,整个社会是由一个人构成的,没有社会分工,没有交换,没有信用关系产生。鲁滨逊需要自力更生,自己种田耕地,寻找食物和水。

当星期五出现后,开始出现社会分工,有交换基础,信用关系产生。鲁滨逊与星期五在资源禀赋上存在差异,鲁滨逊占有货币资源,星期五除了拥有劳动力资源外,一无所有。由于资源的异质性,具有交换基础,开始出现社会分工。鲁滨逊与星期五达成协议,星期五负责耕田种地,提供食物,鲁滨逊则按时向星期五支付一定数量的金币。交换的结果是双方获利,各取所需,鲁滨逊获得食物和"闲暇",星期五获得金币。星期五愿意与鲁滨逊作交换,因为交换可以获得金币,获得金币的目的是旨在实现一种未来的预期收益,即金币累积到一定程度可以购买鲁滨逊的小屋,可以不用睡在野外、不再寄人篱下,可以做"主人",不再耕作,享受"闲暇",可以要求鲁滨逊种田耕地。鲁滨逊愿意支付金币的原因在于,金币在孤岛上不具有储藏价值,而且金币数量很多,对鲁滨逊而言,增加一枚货币支出的边际效用很高,鲁滨逊可以为此获得"闲暇"和"食物",不用"劳动"。

由于星期五的工作具有边际成本递减的特征,随着产量的增加,每一单位的产出成本是递减的,生产越多,单位成本越低,因此如果星期五违约,会减少金币收入,而不会增加任何收益。对鲁滨逊而言,鲁滨逊违约的成本非常大，他会挨饿。违约的结果是双方受损。因此，双方都会维持这样的交换格局，不会出现违约。

假设再引进一个竞争者，比如星期天。星期天所拥有的资源与星期五所拥有的资源完全同质，具有完全的可替代性。由于星期天的出现，均衡的交换格局受到冲击，就可能会出现违约。鲁滨逊的选择集合扩大，可以选择星期五，可以选择星期天。星期五的选择集合则没有发生变化。因此违约只可能出现在鲁滨逊身上。由于鲁滨逊所拥有的资源具有不可替代性，属于完全垄断，没有竞争者，因此鲁滨逊可能对星期五违约，而不是相反。原因在于，一是鲁滨逊对星期五守信的机会成本，不再是无穷大，可以通过与星期天作交换，获得同样的"闲暇"；二是星期天要在孤岛生存，就必须提供劳动，所提供的劳动除自给自足外，还可以用来交换金币，以实现未来的"闲暇"。

针对鲁滨逊的违约，星期五能够作什么呢？当鲁滨逊没有违约而流露出违约的倾向时，星期五可以采取威胁以信息披露的方式，将其违约的事实"通报"给星期天，以约束鲁滨逊，如此，鲁滨逊可能会放弃违约。信息披露的前提是，信息是真实的、完全的，不存在失真和隐瞒。

而当鲁滨逊真的"违约"后，星期五能够采取的对策只能是与星期天谋求合谋，共同对付鲁滨逊。合谋必须满足两个条件，一是信息披露，即星期五必须让星期天获知鲁滨逊不守信的事实。如果星期天不知道鲁滨逊不守信，与星期五一样，星期天也不会拒绝与鲁滨逊签约。二是双方获利。星期天知道这一事实，并考虑到既然鲁滨逊能够对星期五不守信，同样也可能会对自己不守信，合谋双方都可以从中获益，星期天愿意合谋。

由于资源的可替代性，星期五与星期天之间可能出现竞争，鲁滨逊可以利用他们之间的竞争，与他们分别进行讨价还价，破坏他们的合谋。如果假定博弈次数趋于无限，最终鲁滨逊只需象征性地支出极少的货币，就可获得同样的"闲暇"和"食物"。

为防止出现恶性竞争，星期五与星期天会考虑与鲁滨逊一起制定规则。规则包括两个方面的内容，一是星期五与星期天之间的竞争规则，对鲁滨逊而言就是交换规则，比如鲁滨逊支付一枚金币，他们可以相应地提供多少食物等等；二是信用规则，即强制星期五、星期天以及鲁滨逊三者都守信，办法有两个，一是增加不守信的成本，另一个是增加守信的收益。比如规则规定，如果鲁滨逊违约，作为惩罚，星期五与星期天可以不向鲁滨逊提供食物；反之如果鲁滨逊一段时间以来一直是守信的，可以考虑给他一定的奖励，包括精神的和物质的。

规则得以制定必须满足两个前提，一是规则的制定者获益，二是能够解决"搭便车"问题。由于规则本身，是一种"公共产品"，公共产品的特征是，非竞争性和非排他性，不可避免会产生"搭便车"行为，即便你没有为规则的制定付出努力，规则一旦制定，就不可能排斥你对它的享用。因此如果再增加几个星期五或星期天，规则的制定就需要更多的成本，包括召集、协商、履约的成本以及制定规则的规则的成本等等。这样一来规则的制定就会出现困难，即由谁制定？或者说由谁出面制定？况且，制定的规则由谁付诸实施？出现争议，由谁来解释规则？

由此，可以得出信用问题的几个理论构件：

（一）当参与交换的交易主体的某一方（或双方）出现同类竞争者时，另一方（或双方）的选择集合扩大，违约问题就会产生。

（二）交易双方处于对称性的市场结构，比如同是垄断性或者同是竞争性，违约较少发生。非对称性的市场结构中，竞争性的一方违约的机会成本要大于垄断性的一方，垄断方极有可能会违约。减少违约的办法是，要么提高垄断一方的市场竞争程度，要么提高竞争一方的垄断程度。

（三）真实的、充分披露的市场信息可以有效地限制违约行为的发生。信息披露具有昭示功能，根据通过信息披露所传递的交易主体的信用好坏，市场可以自发地对不守信的交易主体作出"惩罚"，对守信的交易主体进行"奖励"。

（四）通过建立信用制度可以规制违约。信用制度意味着规则的非排他性，显示违反制度要付出的惩罚成本，或遵守制度所能获得的收益，可以迫使微观主体将信用变量纳入效用函数。

按照上述理论构件，大致可以得出：

第一，如果其中一方是政府，则选择集合单一，违约不易发生。第二，政府是天然的垄断者，自然可以减少违约。第三，无论政府是否真实、充分披露信息，因其唯一性，市场无法对其作出"惩罚"或"奖励"。第四，政府是天然的制度执行者和维护者。但问题是，政府违约怎么办？前两个结论是政府信用得以盛行的原因，而后两个结论则是政府信用潜在的风险。

第二节 信用问题与银企关系

在一定意义上说，改革开放以前，我国主要是一种信用在发挥作用，即政府信用。由于长期实行统购统销，资源统一由国家配置，其它三种信用都不明显。但是，随着高度集中的计划体制被打破，交易关系趋于复杂，特别是实行市场经济体制以来，信用问题开始在经济发展、市场交易中发挥重要作用，特别是商业信用问题日益突出。

商业信用问题恶化与转轨经济有关。转轨时期，法律法规不健全，特别是制度执行不力，对企业违约的有效约束不力、甚至惩罚不足，致使信用问题加剧。借款不还的始作俑者恰恰是国有企业，是政府支配银行资金补贴国有企业的结果。

政府支配信贷资金补贴国有企业以两种方式进行，一是以低于市场利率的利率借款给国有企业。二是国有企业借款不还。前者承受损失的仅仅是银行，而后者带来的则不仅仅是国有银行的贷款损失，还对整个社会的商业信用造成了破坏性的影响。企业的"赖账不还"、"假破产、真逃债"等不正当的，以逃废银行债务为目的的经济行为，导致了两种后果：

一是示范效应。企业的赖账行为，使银行债务被无限期地拖延，甚至最终通过破产而取消，一旦这种行为在制度上得不到有效的监管和惩罚，将会迅速蔓延，由此在一定程度上扭曲了企业的努力方向，使企业本身不是通过机制转换来改进发展，而是纷纷仿效，走逃废债的路子，最终动摇全社会的信用基础。

二是扩散效应。由于企业的赖账行为扩散到关系客户使企业间"三角债"得以形成并繁衍，企业间债务链的非正常生成与不正常切断，导致与企业有关的一切客户都受此影响，甚至受其感染而采取一致的逃废债行为。这样一来便会在全社会的银行与企业、企业与企业间扩散开来，最终破坏了全社会的商业信用。

商业信用，在一定意义上，是一种特殊的公共产品。其作为公共产品的特殊性在于，在信息相对完全、真实，企业信用易于甄别的条件下，无论全社会的商业信用是好的还是坏的，具体到个体企业的商业信用都具有较强的排他性和竞争性；而在信息不完全、严重失真，企业信用甄别成本很大的条件下，作为群体的、不好的、全社会的商业信用便具有了一定的公共产品特征，即在消费和利用上具有非排它性和非竞争性。商业信用作为公共产品的特征表现在：它必须为有关各方所共同"消费"，即适用于每个成员。具体表现在银企关系上，是银行对企业的信任普遍下降，而毋论企业自身真实信用如何，都无一例外地代之以极为苛刻的放贷条款，如要求企业一定要提供必要的担保，以及要求保险公司提供一定的保险等等。对无法提供担保的企业，即便企业市场前景好、效益比较稳定，银行宁愿不贷款，也不愿冒贷款损失的风险。

企业信用低下的另一个后果是，为了识别企业信用，银行必须花费更多的信息成本来选择客户。与健全的市场经济体制有很大不同，我国信贷市场上的信息不对称，除了事实上无法获知的私有信息外，还增加了事实上已获知但失真的公示信息。在信贷市场上，企业拥有一方所特有的、它方无法验证的私有信息，其部分行为或决策事前无法监督事后也无法推测，银行在这方面处于劣势，无法充分了解企业的全部信息。这是正常的。

但是，除此之外，在当前的市场环境下，会计师事务所虚假验资、弄虚作假、出示不实财务报告，以及企业资信评估机构发展滞后，评估制度不健全不统一，加之制度惩罚不力，致使银行所应获得的企业应予以公示的信息严重失真，从而带来了信贷市场上不应有的"额外的信息不对称"。这种"额外的信息不对称"给银行带来了两种成本，搜寻成本和校正成本。一旦辨识企业信用所需花费的信息成本过大，银行将放弃贷款机会，宁可不贷款也不愿冒信息失真导致贷款损失的风险。

企业信用低下以及信息严重失真导致的最终后果是，银企关系扭曲，银行陷入两难困境。一方面，由于企业信用低下，信息成本增加，信贷风险上升，银行不得不通过提高利率水平（表现为向上浮满）来增加期望收益。另一方面，贷款利率提高，又会带来两种风险：一是事前的"逆向选择"，由于企业可以隐瞒甚至伪造私有信息，提高利率的结果只能是"劣币驱逐良币"，高风险、不计成本的企业将会把低风险偏好的企业逐出市场；二是事后的"道德风险"，利率提高的事后效应极可能诱使企业选择更高风险的项目投资，或者在制度监控不力的情况下，转移贷款用途。两者作用的结果是还贷概率的降低。

最终，由于信息失真，信息披露不完全，加上制度惩罚不力，违约成本低，企业都寄希望于别人守信，维护信用，自己却肆意破坏信用制度。结果，银企关系本来是"双赢"的博弈，最终反而陷入了"囚徒困境"，银行不愿贷款，企业不愿还款，市场行为扭曲。

市场终归是聪明的。在商业信用"失信"、消费信用"不足"的情况下，全社会只能依托政府信用、银行信用。而银行则只能求助于政府信用。当发现政府信用的"无风险特征"后，地方政府融资平台应运而生，成为破解信用问题与银企关系的最优选择。

第三节　政府融资平台贷款

地方政府融资平台是靠政府信用在支撑，这是商业银行"羊群效应"的根本原因。地方政府融资平台贷款，其实质是绑架"政府信用"。

1998年以来的实践表明，地方政府融资平台贷款在以下条件下应运而生：一是政府不能直接参与经济运营，二是政府不能发债筹资，三是商业信用低下，四是间接融资居于主导地位，五是政府政绩追求GDP增长。上述五个条件全都俱备，政府、银行、企业三者一拍即合，地方政府融资平台贷款迅速扩张，甚至成为某些地方政府通过有限的财政资金、搭配巨额的信贷资金、带动大量的民间投资，以此创造GDP的主渠道。

地方政府融资平台贷款究竟始于何时，难以求证。部分是因为其概念的模糊。最早，国家开发银行以省或市为单位，借助政府信用，采用"打捆贷款"模式，支持地方经济发展。此后，各家银行纷纷效仿发放此类贷款。

2004年，江苏铁本事件爆发。总投资100多亿元的江苏铁本，从开工建设到关门停产，不过短短9个月时间，以中国银行为首的多家银行30多亿元贷款付之东流。这一事件的发生正是在中国经济依靠高投资实现高增长的发展模式备受诟病之时。

搂草打兔子，铁本事件引发了另外一个意想不到的后果，即叫停了"打捆贷款"。2004年至2006年，国务院多次提出，"清理并严格控制城市建设等各类打捆贷款"、"停止政策性银行、商业银行与地方政府签订新的打捆贷款协议或授信合作协议"。

此后不久，打捆贷款以新的面目出现了，即地方政府融资平台贷款。地方政府融资平台公司，是指由地方政府及其部门和机构等通过财政拨款或注入土地、股权等资产设立，承担政府投资项目融资功能，并拥有独立法人资格的经济实体。

地方政府融资平台公司通过举债融资，为地方经济和社会发展筹集资金。此类贷款的一个基本特征是，期限长、规模大。期限长，意味着贷款期限将横跨几届政府任期，可以不受政府换届、经济周期的影响。规模大，意味着"范围经济"效应明显，不仅直接拉动地方经济增长，而且会间接带动巨额民间投资。

有据可查的记录自 2006 年。国家开发银行进入湖南浏阳，以浏阳城建集团作为县域经济综合平台，由市政府指定负责承接国家开发银行贷款，成为国家开发银行评审项目、发放贷款、管理风险和回收贷款的综合性融资平台。试图通过借款平台统借统还、担保平台担保代偿，避免单个项目投资风险。此后，这一贷款模式迅速被诸多银行竞相模仿，规模迅速扩大。

2008 年，国际金融危机爆发，中国政府出台两年 4 万亿的一揽子经济刺激计划，以应对这场前所未有的国际金融危机。当年最后两个月，银行响应中央号召，积极配合地方政府的投资需求，地方政府融资平台贷款规模迅速上升。一个季度，地方政府融资平台贷款增加 7800 亿，新增的银行贷款几乎全部投向了地方政府融资平台。

2009 年一季度，地方政府融资平台贷款继续迅速上升，一个季度新增 3 万亿，约占同期全部新增贷款的 50% 左右。此后，融资平台贷款开始逐渐有所冷却，但即便如此，2009 年全年算下来，地方政府融资平台贷款仍新增 3 万亿，同比增长 70%，高于同期一般贷款增速高达 38 个百分点。在两年 4 万亿的刺激计划期间，大致测算，即 2008 年 9 月至 2010 年 6 月，地方政府融资平台贷款新增 5 万亿，占同期新增银行贷款的三分之一①。

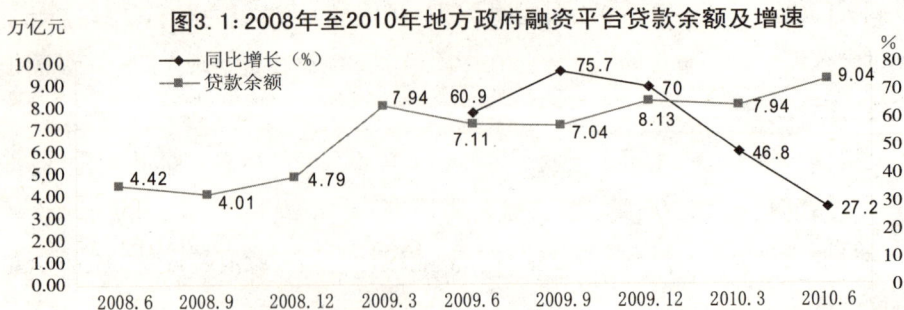

图3.1：2008年至2010年地方政府融资平台贷款余额及增速

万亿元

时间	贷款余额	同比增长(%)
2008.6	4.42	
2008.9	4.01	
2008.12	4.79	
2009.3	7.94	
2009.6	7.11	60.9
2009.9	7.04	75.7
2009.12	8.13	70
2010.3	7.94	46.8
2010.6	9.04	27.2

①因口径不同，人民银行、财政部和银监会的统计数字并不一致。此图表的数字为估算得到，与实际数字可能会有较大偏差，仅供参考。其中，2008 年数据根据 2009 年同比数据推算得到，故无法获得同比增速。

地方政府融资平台贷款迅速扩张，其根源是在商业信用低下、消费信用不足的情况下，商业银行尊崇"政府信用"至上的结果，除此之外，还有以下原因。

图 3.2：1999 年至 2011 年 M2 变化趋势

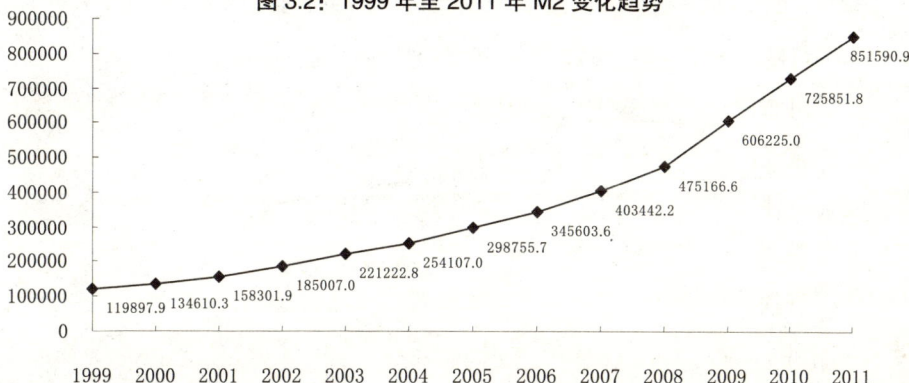

（一）M2／GDP 过高。近年来，广义货币供应量 M2 呈现快速增长态势，M2／GDP 逐年上升。2010 年末，这一比例已经达到了 1.81，为历史最高点。我国的 M2／GDP 比例水平一直居于全世界前列。M2 的增长与信贷变动呈正相关关系，两者互为因果，M2 与全社会信贷资产均快速增长。与此同时，近年来短期贷款／GDP 总体保持稳定，始终维持在 40% 以上，长期处于饱和状态。

图 3.3：1999 年至 2011 年 M2/GDP 变化趋势

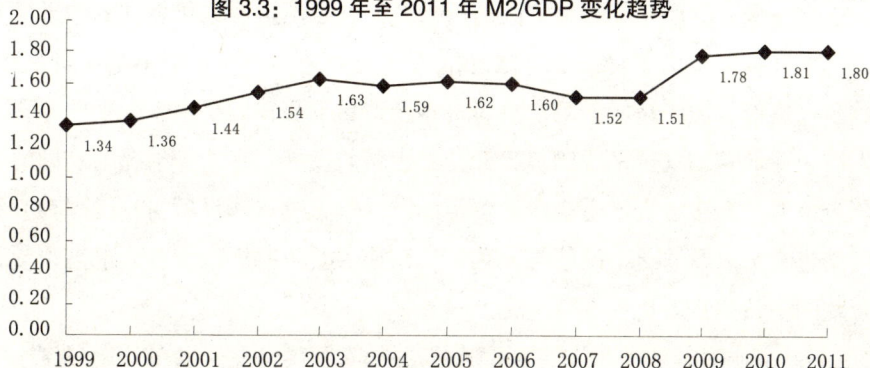

从国际比较看，多数国家流动资金贷款／GDP 的比例只有中国的 1/3。其中，马来西亚银行体系提供的流动资金仅占 GDP 的 10% 以下，是中国的 1/20 左右。因此，在信贷总量不断增加、短期贷款总体饱和的情况下，过多的信贷资产最终迫使银行只能通过增加中长期贷款才能寻找到资金的出路，从而导致中长期贷款比例逐年上升。由此可见，如果 M2/GDP 不下降，中长期贷款增长过快的趋势就很难扭转。当然，M2/GDP 居高不下与我国间接融资为主融资格局，以及储蓄率高投资品种单一密切相关。

图 3.4：1999 年至 2011 年短期贷款 /GDP 变化趋势

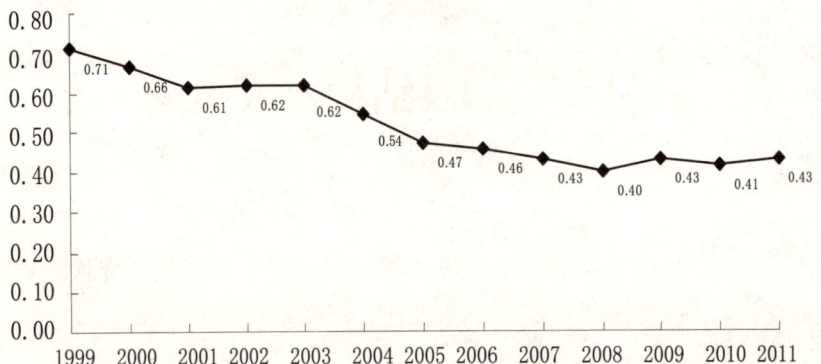

（二）直接融资渠道狭窄，迫使中长期贷款比例上升。当前，直接融资渠道狭窄，无论是企业融资还是国家重点建设项目融资都过度依赖银行贷款。截至 2012 年 10 月末，国内非金融部门融资总量约为 13 万亿元。其中，贷款、企业债和股票融资所占的比例分别为 85：14：1。通常情况下，企业优先偏好内源融资，外部融资偏好债务融资。但由于我国股票市场扩容速度有限，债券市场发展缓慢，企业只能主要依靠借贷融资。

这样一来，就产生了四个方面的后果：一是必然迫使银行贷款的中长期贷款比例上升；二是由于挤占了有限的信贷资金，必然会导致中小企业贷款难；三是企业资产负债率高居不下，自有资本金严重不足；四是由于大企业不再寻求发行企业债券，反过来制约了企业债券市场的发展。在这种情况下，即便是本来应该通过直接融资渠道来解决资金问题的国家重点建设项目，也因为直接融资渠道狭窄以及缺乏市政债券品种等，只能主要依靠银行贷款，最终迫使银行贷款的中长期贷款比例不断上升。

（三）商业银行业务单一，利润来源主要依靠存贷差，也在一定程度上导致商业银行偏好发放中长期贷款。中长期贷款利率高于短期贷款利率，发放中长期贷款可以获得比短期贷款更多的利息收入。在降低不良贷款率的硬约束下，由于中长期贷款期限较长，短期内利息回收率高，风险潜伏期长，银行更愿意发放中长期贷款。

第四节　期限结构错配风险※

无论是从总量指标还是结构指标判断，地方政府融资平台贷款大量增加，均导致商业银行资产长期化、负债短期化，即期限结构错配风险。

一、从余额指标判断

2000 年以来，金融机构资金来源短期化趋势明显。在储蓄存款中，活期存款 / 定期存款比例逐年上升。截至 2011 年末，这一比例已经达到了 65%，与 2000 年相比（33%），该比例几乎上升了一倍。

图 3.5：1999 年至 2011 年活期存款 / 定期存款比例趋势

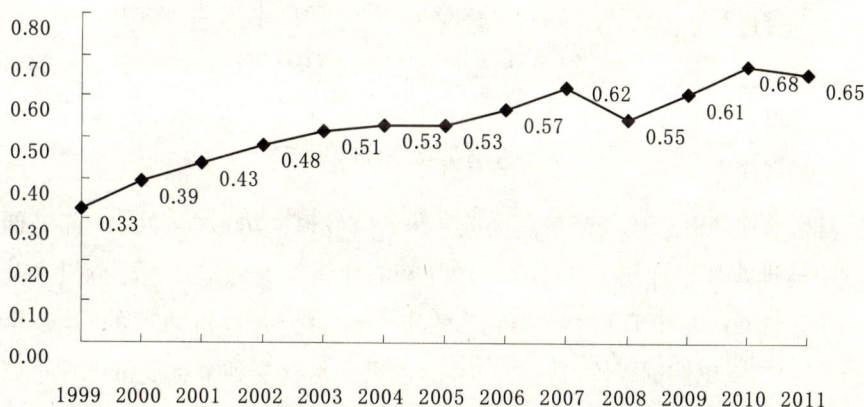

※本节分析框架来自人民银行的一份报告。该报告由人民银行马贱阳同志起草初稿，张晓慧同志指导，我负责整理而成。有关数据做了更新。所指贷款均为人民币贷款，不含外汇贷款。

与此同时，金融机构资金运用长期化趋势却在加剧。首先，2000 年到 2011 年，短期贷款占贷款总额比例呈逐年下降趋势，2010 年该比例仅为 35%（最低），而中长期贷款占贷款总额比例则呈逐年上升趋势，2010 年该比例为 60%（最高）。其次，尽管在 2005 年之前，短期贷款占贷款总额比例高于中长期贷款占贷款总额比例，但在 2005 年以后，这种趋势则发生显著反转，呈现较为显著的"剪刀差"，可见金融机构资金运用长期化趋势进一步加剧。最后，两种比例的发展变化趋势均较为稳定、波动性很小。总体而言，金融机构资金运用长期化趋势证据明显。

图 3.6：1999 年至 2011 年人民币贷款长期化趋势

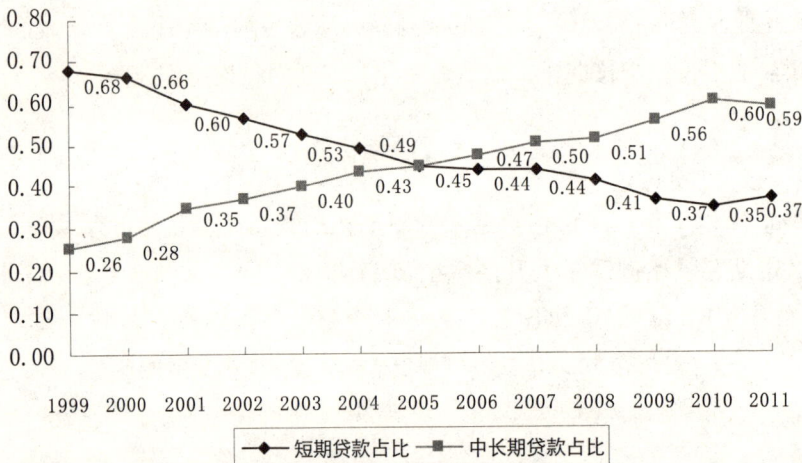

二、从增加额指标判断

从资金来源和运用的增量角度进一步研究发现，2000 年到 2011 年，储蓄存款中活期存款增加额／定期存款增加额的比例较为稳定，金融危机之前的 2000 年到 2007 年平均保持在 110% 的水平，而金融危机之后的 2008 年到 2011 年，这一比例则平均保持在 77% 的水平。尽管受到金融危机这种难以预期的外部冲击的影响（这一比例达到最低值 31%），总体而言，金融机构资金来源短期化趋势明显。

在贷款增加额中，2011 年除外，在 2000 年至 2011 年间，中长期贷款增加额占各项贷款增加额的比例均显著高于短期贷款增加额占各项贷款增加额的比例（平均为 4 倍左右）。2005 年，中长期贷款增加额占各项贷款增加额的比例更是同期短期贷款增加额占各项贷款增加额比例的 17.5 倍多。尽管新增贷款比例的变化趋势波动性较大，但总体而言，在资金运用方面，金融机构资金运用长期化趋势证据是非常明显的。

图 3.7：2001 年至 2011 年活期存款增量 / 定期存款增量比例趋势

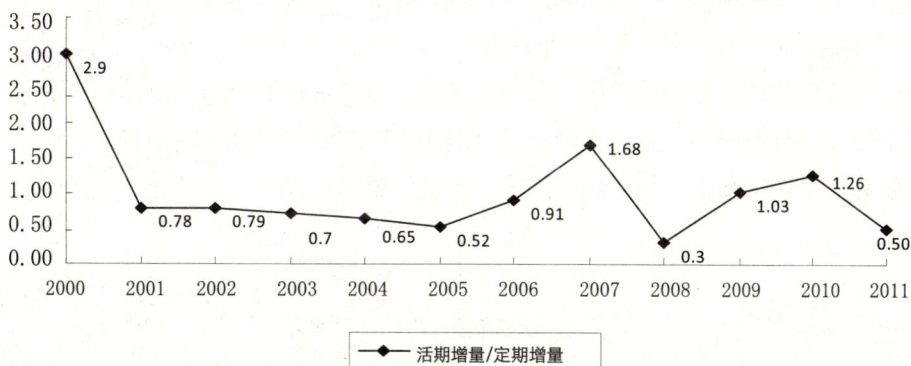

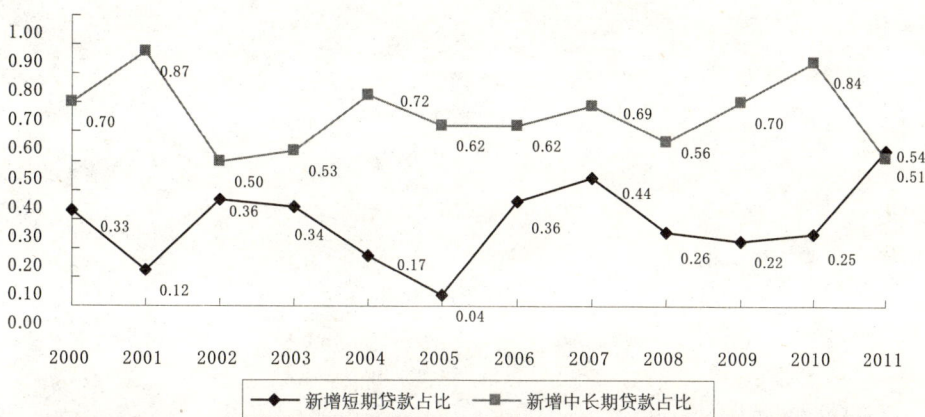

资金来源与资金运用在期限结构上错配，首先有可能引发流动性风险。中长期贷款依靠短期资金来源支撑，一旦银行银根紧缩，储蓄分流加剧信贷风险上升，商业银行就会面临流动性风险，甚至引发金融风险。

根据利率缺口理论和持续期缺口理论，资金来源与资金运用错配，积累了大量的中长期资产利率正缺口，潜藏着巨大的利率风险。在通常情况下，收益率曲线是一条向右上方倾斜的曲线，但是一旦面临通货膨胀，存款利率水平上升，收益曲线反转，即便中长期贷款利率一年一定，短期内商业银行巨额的中长期资产利率正缺口也会产生很大的利率损失。

三、金融风险高度集中到银行体系

全社会的中长期资金主要由银行来配置，长期风险过度集中于银行体系，银行体系的风险就很容易演变成全社会的风险。一旦商业银行产生风险，政府就不得不出面解决，中央银行就很难避免成为事实上的最后风险承担人，必然会产生预算软约束和倒逼机制。这不仅不利于稳步推进商业银行改革，不利于健全商业银行的激励—约束机制，而且因为主要依靠银行来判断市场风险和配置资金，故也不利于资源的优化配置和金融的整体稳定。

第五节　简短结论

融资平台公司贷款模式饱受质疑，至今，其不良状况仍是悬于银行头上的一把"达摩克利斯之剑"，需要采取三种方式分别对待：第一，对只承担公益性项目融资任务且主要依靠财政性资金偿还债务的融资平台公司，今后不得再承担融资任务；第二，对承担上述公益性项目融资任务，同时还承担公益性项目建设、运营任务的融资平台公司，要在落实偿债责任和措施后剥离融资业务，不再保留融资平台职能；第三，对承担有稳定经营性收入的公益性项目融资任务并主要依靠自身收益偿还债务的融资平台公司，以及承担非公益性项目融资任务的融资平台公司，要按照《公司法》等有关规定，充实公司资本金，实现商业运作。

不过，这种以"绑架"政府信用、潜含诸多风险的融资平台贷款模式所赖以生存的诸多条件依然存在。解铃还需系铃人。要想彻底解决地方政府融资平台贷款，唯一的途径恐怕还是要在"信用"上做文章。

第一，由政府出面建立信用制度。信用制度是商业银行评估借款人、实施信贷监管以及控制信贷风险的基本制度。由于缺乏这一基本制度，银行很难全面、及时了解借款人的资信情况，从而难以对贷款的各种风险因素进行跟踪监督和控制。可以考虑借鉴欧、美的作法，采用由政府出资、制定规则、规范引导、市场化管理的运作模式，在全国范围内建立统一和完备的信用制度。

第二，通过建立信用信息披露制度，强化市场奖惩。可以有两种办法，一种从信用的个体特征出发，解决信息问题，以收费的方式提供作为个体的企业的信用，比如建立统一的、权威的信用评级机构，以收费方式提供信用咨询；二是从信用的群体特征出发，由政府出面建立信用信息披露规则，比如制定

"黑名单通报制度"、"守信企业的奖励公报"，但是前提是必须解决"黑名单通报制度"的法律地位问题。前者是微观治理，后者是宏观治理。通过信息披露，银行可以对信用好的企业放松信贷约束，降低贷款交易成本，使之较易获得贷款，对信用差的企业则增加信贷约束条款，增加贷款成本，甚至使它无法从市场上获得贷款等等。

第三，提高信息质量，解决信息失真问题。一是要规范会计师的从业行为，加强行业协会建设，协调行业监管体系，确保会计师独立、客观、公正执业，提高企业公示信息的真实程度。二是完善企业资信评级制度，为市场交易各方提供客观公正的信息。既要规范又要统一，以确保评估结果具有权威性，为社会所认同。三是要实时掌握企业在各金融机构的全部负债及资信状况等相关信息，诱导企业采取重复博弈多次支付行为，以降低违约风险。激励的本意在于鼓励已发生行为的持续进行，约束并非仅仅是增加企业违约的成本支出，更重要的是警示功能，警示违约所必须支付的额外成本。当然这最终还是要依赖于相关中介机构的建立健全，以改善信息不对称状况。

第四，建立健全银行自身的激励—约束机制。银行业商业化进程发展到今天，银行自身内控制度，包括绩效考核制度等等依然没有健全和完善。值得一提的是，从 1998 年开始，银行内控制度发生了一个较大的变化，即约束机制强化了，实行贷款责任制，具有追溯力，谁发放的贷款谁负责，毋论升迁还是调动。但是激励机制如何建立仍然没有解决。这是转型经济中典型的国有企业特征。

第五，企业必须培育良好信用。信用是一种特殊的资本，资本投入的边际收益不是简单地递增或递减。先期为建立信用，投入大于产出，后期为享受信用，产出远大于投入。良好信用的价值，不仅仅在于对企业已发生行为的肯定，更重要的是它的昭示功能，信用越好，它所传递的市场信号就越能影响市场交易各方的决策。从前向看，可以影响银行的决策，会吸引银行放贷，或降低贷款的交易成本；从后向看，可以左右消费者的购买决策，引导消费者购买。

当然，对于地方政府而言，最佳的融资选择应是负债显性化，即以政府信用为支撑，发行市政债券。1958 年，中央政府还曾专门发布《关于发行地方建设公债的决定》，允许各地自行发行建设公债，筹集资金，搞建设。20 世纪

80年代末，许多地方为修桥建路融资，都曾发行过类似债券，甚至是无息的，名义是支援国家建设，实际上搞摊派，甚至要直接冲抵工资。到了1993年，投资严重过热，这一做法则被明令禁止。此后颁布的《预算法》进一步明确，不得发行地方政府债券。实际上，无论是联邦制国家，还是单一制国家，无论是发达国家，还是发展中国家，地方政府自行发债并不陌生，由来已久。2009年，美国作为联邦制国家，地方政府债券约占GDP的20%，日本作为单一制国家，地方政府债券占GDP之比亦在25%。

千呼万唤始出来，犹抱琵琶半遮面。2009年，地方政府债券正式登陆上海证券交易所，但仍由中央政府代为发行，其中隐含着中央政府的担保，且规模不过每年2000亿元，远远不能满足地方政府庞大的需求。之所以有此制度设计，原因在于，我国地方政府并无独立法人资格。一个现实的问题是，一旦地方政府举债不还，出现破产，法律依据何在？在地方政府不能破产的现实情况下，此制度设计实质上并非真正意义上的地方政府发债，还是属于中央政府发债范畴，无非是定向用于地方政府罢了。

由此可见，虽然地方政府在法律上没有负债主体资格，但实际上目前中国最大的债务风险来自地方政府。地方政府的预算约束力弱，借贷没有资产负债表可以参考。只有用健康、公认、透明的资产负债表去约束地方政府，才能真正强迫地方政府"去企业化"，切实降低债务市场风险。

第四章

企业部门I：国有企业

按照所有制性质不同，把企业部门的金融控制划分为两部分，一是国有部门的金融控制，二是非国有部门的金融控制。1998 年以后，两者有很大不同。在租金配置上，两者是反向的，国有部门是从金融部门转移租金，而非国有部门是向金融部门转移租金，差别还不仅仅于此。本章研究国有部门的金融控制，下一章将重点研究非国有部门的金融控制。

随着经济体制改革深入以及政策目标的改变，1998 年以来，国有部门直接补贴的机会大大减少，取而代之的是金融控制在国有企业部门创造租金机会，租金分配部分取代了财政补贴。选择性支持的重点已经成为主要为困难的国有企业创造租金，租金利益的拥有者是困难的国有企业。

中央银行在国有部门运用金融控制的方式，主要有三种：第一种方式是下调利率，第二种方式是推行政策性贷款，第三种方式是支持国有企业兼并破产。

第一节 下调利率与租金配置

中央银行在国有部门运用金融控制的第一种方式是下调利率。1996 年至 2002 年，中央银行连续八次降息。其中 1998 年以来，连续 5 次下调整体利率水平。一年期商业贷款利率由 1997 年的 8.64% 降至 2002 年的 5.31%，累计下调了 3.33 个百分点，按照降息后一整年计算，5 次降息累计减轻企业利息负担约 2500 亿元，为支持国有企业继续发展、走出困境发挥了重要作用。

自 2002 年之后，利率一直稳中有升直到 2007 年。2008 年一年间中央银行连续 5 次下调整体利率水平，一年期商业贷款利率由 2008 年初的 7.47% 降低到 2008 年末的 5.31%，累计下调了 2.16 个百分点，极大地减轻企业利息负担（见表 4.1）。

表 4.1：1988 年至 2012 年间的利率调整

日期	6 个月之内	6 个月～1 年	1～3 年	3～5 年	5 年以上
10/06/1999	5.58	5.85	5.94	6.03	6.21
21/02/2002	5.04	5.31	5.49	5.58	5.76
29/10/2004	5.22	5.58	5.76	5.85	6.12
28/04/2006	5.40	5.85	6.03	6.12	6.39
19/08/2006	5.58	6.12	6.30	6.48	6.84
18/03/2007	5.67	6.39	6.57	6.75	7.11
19/05/2007	5.85	6.57	6.57	6.93	7.20
05/06/2007	5.85	6.57	6.75	6.93	7.20
21/07/2007	6.03	6.84	7.02	7.20	7.38
22/08/2007	6.21	7.02	7.20	7.38	7.56
15/09/2007	6.48	7.29	7.47	7.65	7.83
21/12/2007	6.57	7.47	7.56	7.74	7.83
16/09/2008	6.21	7.20	7.29	7.56	7.74
09/10/2008	6.12	6.93	7.02	7.29	7.47

续表

日期	6个月之内	6个月～1年	1～3年	3～5年	5年以上
30/10/2008	6.03	6.66	6.75	7.02	7.20
27/11/2008	5.04	5.58	5.67	5.94	6.12
23/12/2008	4.86	5.31	5.40	5.76	5.94
20/10/2010	5.10	5.56	5.60	5.96	6.14
26/12/2010	5.35	5.81	5.85	6.22	6.40
09/02/2011	5.60	6.06	6.10	6.45	6.60
06/04/2011	5.85	6.31	6.40	6.65	6.80
07/07/2011	6.10	6.56	6.65	6.90	7.05
08/06/2012	5.85	6.31	6.40	6.65	6.80
06/07/2012	5.60	6.00	6.15	6.40	6.55

　　减轻企业利息负担主要是减轻国有企业利息负担。为什么这样说？因为国有企业一般贷款期限比较长，许多是历史负债，利息负担沉重，甚至是本金的几倍，而中小企业贷款期限短，几乎没有历史负债。利息的支付主体主要是国有企业，所以降息的受益者也就主要是国有企业。

　　降息既是一种直接补贴，又是一种租金创造，是一种混合型的租金创造。对于国有企业的大量的存量贷款和沉重的利息负担，降息的结果就是一种直接补贴，利息成本降低了，利润自然多了。这种补贴不是完全意义上的政府补贴，因为政府并没有直接提供补贴资金。表面上看，资金是通过银行间接提供给国有企业的，是银行补贴了国有企业。实际上，利率下调，不仅是贷款利率的下调，还包括存款利率的下调。存款利率下调就意味着补贴资金不是来自银行而是来自居民部门。所以，真正的事实是，居民部门补贴了国有企业。

　　另一方面，对于国有企业的增量贷款以及新增投资来说，降息的结果又是一种租金创造。不管是体制上的原因，还是市场原因，或者是中小企业自身的原因，结果都是中小企业贷款相比较国有企业要困难得多。利率下调，拉大了与市场利率的差额，产生了利差，就创造了租金。这个租金的特殊之处在于，它是由国有企业与中小企业贷款不平等竞争造成的。租金是由非国有部门隐含着转移到了国有部门，这种银行的租金契约是由于国有企业与国有银行之间的默认合约决定的。而这种默认合约归根结底是由国家制定的，因此也就是国家与国有企业之间的默认合约决定的。

　　在这一过程中，似乎获益的是政府和国有企业，受损的是居民与中小企业。因为政府得以维持国有企业继续生存，国有企业获得了居民补贴，居民提供了补贴资金，中小企业失去了一部分租金。其实不然。国有企业获益的后果是两面性的。

一方面，直接补贴难以避免地要产生道德风险，国有企业滋生惰性，疏于管理，它的努力方向将不是如何转化经营机制，改进管理，而是如何获得新的、更多的直接补贴，这就是政府补贴的负效应。

另一方面，国有企业获益以维持发展有一定外部性，可以产生正的租金。国有企业继续发展，保持了社会稳定，缓解了失业压力，不至于因大规模失业带来对全社会的冲击，造成社会动荡。麦金农指出，稳定是一种公共产品，不仅居民、中小企业还有金融部门，乃至整个国家都获得了稳定带来的隐含租金。不仅如此，许多中小企业以及居民是依靠国有企业生存的，许多时候，它们之间是一种共生共荣的寄生关系，国有企业的维持发展，为中小企业提供了交易渠道，为居民提供了就业机会，双方都从中获益。

但是，由于不是完全按照市场经济规律实施降息，而是为了创造租金机会、为支持国有企业改革脱困，由此产生的一个不利后果是——扭曲了资源配置。

第二节　政策性贷款

对于在第一种方式下仍然无法走出困境的国有企业，信贷政策就需要采取第二种方式了，那就是实行政策性贷款。贷款对象是资产负债率较高、经营困难、国家决定救助的那部分国有亏损企业，扶持的方式是发放封闭贷款。1998年以来，中央银行先后下发了《外经贸企业封闭贷款管理暂行办法》等，对亏损严重的国有工业企业和国有外经贸企业发放封闭贷款，实行封闭运行，帮助这些企业扭亏脱困。

封闭贷款是一种特殊性质的政策性贷款。政策性贷款曾经一直以专项贷款的形式长期存在，贷款数量、贷款对象、贷与不贷完全是政府指定的，但是封闭贷款不是。封闭贷款的贷款数量、贷款对象、贷与不贷完全是市场行为，由商业银行自主确定。这样矛盾就产生了。

封闭贷款，是指对亏损的国有企业发放的、封闭运行的、商业性的流动资金贷款。有三层含义需要特别指出：一是亏损，二是封闭运行，三是商业性。"亏损"意味着高风险；"封闭运行"意味着封闭贷款不能仅仅维系于银行与亏损企业之间，而是更多地要依靠政府的力量，依靠市场交易各方的共同努力；"商业性"则是将之与政策性贷款相区分，要求银行自担风险，自负盈亏，严格按照信贷原则自主选择项目，发放贷款。

仔细分析，上述含义中，贷款的商业性与政策性存在着一定的冲突，封闭运行是为解决这一冲突而采取的制度性的保护行为。根据规定，国有工业企业"政府已决定救助"，意味着政府行为必然要渗透其中；"资产负债率较高、亏损严重"，意味着风险之高"按照正常条件"已"不能取得贷款"，收益必然很难保证。为解决这一冲突，与普通贷款不同，封闭贷款要遵循封闭原则，封闭运行，从而树立制度前提，强化约束功能。

　　现实操作中会出现两个问题。问题一是如何判断亏损企业是否满足贷款条件，由于信息不对称的存在，中介机构不健全，亏损企业为满足贷款条件，可以也能够隐瞒真实信息，尽量向贷款条件靠拢。问题二是如何确保贷款封闭运行。这涉及到有关各方，政府的法律法规是否健全，健全的法律法规能否得到切实执行；银行能否有效监管，监管收益是否大于监管成本；亏损企业能否遵守有关规章制度，守法经营。

　　一般说来，银行的期望收益取决于贷款利率和借款人的还款概率两个方面，但对封闭贷款而言，还需依靠政府的支持。

　　政府的作用是双重的，一是扶持，二是干扰。

　　"扶持"涉及到制度是否健全，健全的制度能否得到有效执行。比如说，亏损企业无法归还贷款时，银行将面临两个方面的问题，一是法律诉讼，二是抵押品的拍卖。后者由于二级市场不健全，甚至由于拍卖制度不健全，可能会致使银行低收益拍卖，甚至拍卖失败。而前者问题则更为突出，一是案件诉讼时间长，二是胜诉率高，但执行率低，依法收贷难，主要原因在于法院执法不力。额外的体制成本致使信贷政策的实施偏离了预期目标，甚至迫使银行基于成本考虑放弃诉讼请求。

　　"扶持"的重要作用是帮助落实贷款条件，鉴于封闭贷款的政策性特征，政府帮助也就变得十分必要。对银行而言，政府的帮助意味着政府的某种担保，尽管这种担保在法律上是无效的；对亏损企业而言，政府的帮助便演变成为亏损企业能否获得贷款的隐含条件之一。但是帮助不可避免地会带进政府的偏好，也就不可避免地会产生政府与银行决策目标函数之间的冲突。

　　政府"干扰"包括两个方面：一是行政干预，地方政府从自身利益出发，往往向银行推荐并不完全符合封闭贷款条件的亏损企业，强迫银行放贷，行政干预贷款的投放；二是瓜分资金，根据封闭贷款的有关规定，有关部门不能扣收以前所欠的"税、费、薪、贷"，但实际运行中一旦贷款到位，无论是否产生效益，一些部门就随之而来，瓜分资金，封闭资金漏损难以避免。

　　与其它贷款相比，亏损企业与银行的封闭贷款合约交易成本较高（更多地是履约成本，即银行的监控成本），银行不得不通过提高利率水平（表现为向上浮满）来增加期望收益。利率水平的提高，贷款条件的严格，由于信息不对称，由于中介机构不健全，会产生两个方面的问题：一是事前的"逆向选择"，企业隐瞒甚至伪造私有信息，结果只能是"劣币驱逐良币"，高风险、不计成本的亏损企业将侵占封闭贷款市场份额，最终将低风险偏好的亏损企业逐出市场；二是事后的"道德风险"，事后效应极可能诱使亏损企业在制度监控不力的情况下，转移贷款用途。两者作用的结果是还贷概率的降低，信贷风险的上升。

这样一来，亏损企业与银行的信贷关系所面临的两难困境可以表述为：一方面，与亏损企业"封闭贷款"的交易成本较高，银行需要提高利率以增加期望收益；另一方面，利率提高受"逆向选择"与"道德风险"的负激励，还贷概率降低，信贷风险会随之上升，从而减少期望收益。最终银行两难选择的结果只能是尽量压缩封闭贷款规模。

不过，尽管有种种问题，封闭贷款还是在短时间内发挥了很大作用。原国家经贸委报告，仅 1999 年一年，全国 30 个省、市、自治区共有 1108 户国有亏损企业获得封闭贷款 84 亿元，封闭贷款企业同比减亏 11 亿元，减亏幅度高达 41%。不过到了 2000 年以后，封闭贷款就基本上退出市场了。

那么，封闭贷款引导资金配置是否影响到了国有企业的行为，是否改进了国有企业的公司治理结构呢？答案似乎是值得怀疑的。封闭贷款的投放有利于支持亏损企业持续发展，缓解资金矛盾，优化资产结构，盘活资产存量；有利于亏损企业转换经营机制，强化内部管理，带动其它产品生产，最终扭亏为盈。但是，出现"逆向选择"的倾向无法避免，即亏损企业的努力方向不是藉此转换经营机制，强化内部管理，而是试图千方百计获取封闭贷款。

由于封闭贷款是一种"配额"管制，一旦信贷市场上出现了"配额"限制，"配额"本身就会成为利益追求的最终目标。亏损企业通常会走两个极端，一是亏损不够严重，但夸大亏损，千方百计获取贷款额度，二是亏损过于严重，但粉饰太平，骗取贷款。在信息不对称的情况下，后者风险显然要远远高于前者。

必须指出，在现行的制度框架与政策格局下，亏损企业作为追求利益最大化的经济主体，必然会采取措施以寻求自利。可以想象，一旦封闭贷款本身对亏损企业成为一种短缺品，受配额限制，"贷款权力"必然演化成为亏损企业追逐的对象。这样一来，亏损企业的寻租行为就成为滋生不正之风和腐败行为的温床，从而扰乱了社会资源的有效配置。

　　归根到底，这种政策性贷款是一种通过对居民部门隐性征税而对困难的国有部门进行补贴的一种机制，它不可避免地带有补贴的负效应。

第三节　政策性兼并破产

对在前述两种方式下仍然无法走出困境的国有企业，就只能采取第三种方式了——政策性兼并破产。兼并破产是一种畸形的政府直接补贴。与其它政府补贴不同的是，被补贴主体即国有企业在补贴后以两种方式消亡，一种是被兼并，一种是破产。

兼并破产是一种典型的利益转移机制。首先，利益从政府部门转移到了国有企业手里。在兼并破产前，国有资产已经部分或全部转移，转移方式有两种：一种是市场化转移，表现为经营不善，亏损甚至严重亏损；另一种是非市场化转移，以贪污腐败的方式，假公济私或化公为私。但其结果是一样的，为了减少损失，降低成本，只能寻求兼并或破产的方式。

其次，利益从金融部门转移到了国有企业。一旦国有企业兼并或破产，债权人主要是银行，破产破的是银行的产。本来属于银行的债权因国有企业的改制而消散了。银行以亏损的方式补贴了国有企业。所幸银行还有收益，那就是不良资产剥离了，不良贷款率下降了。

最后，利益从国有企业最终转移到了国有企业职工手里。破产企业有效资产变现，优先用于安置职工，这是债权银行对破产企业职工安排生活和再就业的有效支持。国有企业破产以后，职工会获得一定金额的安置费，这笔费用一部分来自政府的国有资产变现，一部分来自银行的破产贷款。费用一般有两个含义，一是补偿，对职工多年辛勤劳动、养老金、保险金以及退休金的补偿；二是安置，对职工再就业的安置。

这样一个利益转移机制是痛苦的，但又是无奈的。从本质上说，是一种非生产性的补贴，是制度纠错的代价，是改革的成本。这是 1998 年以来信贷政策支持国有企业兼并破产的重要举措。

1994 年至 2004 年，全国共实施政策性关闭破产项目 3484 户，核销金融机构债权 2370 亿元，安置关闭破产企业职工 667 万人。2005 年，全国实施政策性关闭破产项目 174 家，核销金融机构债权 190 亿元，安置人员 52 万人。2006 年，全国共实施政策性关闭破产的国有企业达 535 个，核销的金融债务 543 亿元，安置关闭破产企业职工 99 万人。2007 年，全国共实施关闭破产的国有企业达 743 万户，核销金融债务 769 亿元，安置关闭破产企业职工 131 万人。2008 年后不再实施政策性关闭破产。

总体看，第三种形式的金融控制，是将财富从国有部门经过大量的漏损后，最终又通过非生产性补贴的方式转移回了居民部门。政府通过参与兼并破产从而重新配置资源，风险由全社会分担。

第四节　简短结论

综前几节所述，我们可以得出下面几个结论：

（一）无论是下调利率、政策性贷款还是兼并破产，时至今日，国有部门的三种金融控制方式均已成为历史。千秋功过，自有后人评说。

（二）无论租金在政府部门、国有部门、金融部门以及非国有企业和居民部门之间如何分配，可以肯定的是，几个部门均从稳定的经济增长、更多的就业机会、更高的工资收入中获得了补偿。

（三）三十年河东，三十年河西。如今，大多数国有企业已走出贫穷走向繁荣，在诸多关系国计民生的领域，占据优势地位。如果仅仅是以维护国家控制权为名，行垄断之实，则实在于经济增长本身无益。

第五章

企业部门 II：中小企业

本章重点分析非国有部门的金融控制，由于非国有部门绝大多数是中小企业，所以也被称之为中小企业信贷政策。1998 年以后，信贷政策的一个最为重要的转变是开始重视中小企业的发展问题，这成为选择性信贷支持的重中之重。在租金创造上，政府为金融部门创造租金机会，租金利益的拥有者是金融部门，但受益者是中小企业。

　　1998 年以来，针对中小企业贷款难问题，中央银行主要采取了四种措施：一是"窗口指导"，二是利率调节，三是再贷款、再贴现，四是信用担保。

第一节　贷款难，还是融资难？

　　中小企业是维护市场竞争活力、确保经济稳定运行、实现社会公平和保障充分就业的重要基础。中小企业内源融资和外源融资的可获得性不仅对其投资、研发以及经营业绩有重要影响，还进一步地影响到资源的配置效率和就业问题，这正是林毅夫教授所指出的中国经济奇迹的谜底。

　　大力扶持和促进中小企业发展，是我国企业改革与发展的一项重要方针。国家提出"抓大放小"的发展战略，把扶持中小企业与培育大企业放到同等重要的位置，特别是有针对性地采取了一系列政策措施，提出要为中小企业发展创造良好的融资环境，千方百计支持中小企业发展。但是，中小企业融资问题依然十分突出，资金紧张的呼声很高，社会各界对此反映强烈。

　　中小企业融资难的问题具有以下几个方面特点：

　　第一，企业整体货币资金并不偏紧，资金紧张是结构性的。统计数字表明，1998 年至 2011 年，企业存款增长了 11 倍，尤其是 2009 年和 2011 年，分别增长 37.73% 和 68.06%（见表 5.1）。这表明，企业可用资金并不紧。但是，也应该看到，信贷资金配置遇到了结构性问题，突出表现为中小企业贷款难、农民贷款难、县域金融萎缩。特别是对中小企业贷款难，社会各界对其反响最为强烈，这主要有两个方面的原因：一是中小企业数量多、贡献大；二是中小企业对缓解就业压力，保持社会稳定，具有至关重要的作用。

表 5.1：1998 年至 2011 年企业存款余额

年份	企业存款（亿元）	同比增长（%）
1998	32490	13.40%
1999	37182	14.44%
2000	44094	18.59%
2001	51547	16.90%
2002	60029	16.45%
2003	72487	20.75%
2004	84671	16.81%
2005	96144	13.55%
2006	113240	17.78%
2007	138670	22.46%
2008	157630	13.67%
2009	217110	37.73%
2010	244500	12.62%
2011	410910	68.06%

第二，不是所有类型的中小企业融资都难。在市场经济中，中小企业的发展以及对中小企业的扶持必须遵循市场经济发展的客观规律，要坚持优胜劣汰、物竞天择的原则，对于那些资产负债率居高不下、经营水平陈旧落后、不符合国家产业政策导向、属于"劣汰"一类的中小企业，融资难是合理的、是符合市场经济竞争原则的，应予以支持。同时，许多资信状况好、资产收益率高、经营规范、机制灵活、属于"优胜"一类的中小企业，资金问题并不紧张，恰恰相反，银行竞相追逐、贷款条件十分宽松，企业融资容易。真正融资难的中小企业，是介乎上述两者之间、市场前景不明、经营管理水平不高、属于中间类型的中小企业，这部分中小企业既有可能被淘汰，也有可能在市场竞争中胜出，得到资金支持，能够发展壮大。

第三，不是各个地区的中小企业融资都难。按照国家关于沿海先行、辐射周边、扶持落后的区域经济发展战略，地区经济发展是不平衡的。全社会资金的流向、分布与地区经济发展息息相关，具有明显的"马太效应"。这样一来，不同发展水平地区的中小企业，融资状况有所不同。发达地区各项制度相对健全、资金回报率高、中小企业管理水平较高、效益较好、融资相对容易，相反，不发达地区中小企业融资难问题才是最为突出的，是尤其值得关注，也是最急需解决的。

第四，中小企业融资难，不仅仅是贷款难。信贷资金仅仅是中小企业外部融资渠道的一部分，并非全部，还有股权融资、债权融资。在一定意义上，特别是在中小企业建立初期，股权融资和债权融资才是中小企业最为重要的融资渠道，信贷资金很难起到替代股权或债权资金的作用。目前，中小企业直接融资渠道狭窄，才是中小企业融资难问题的关键所在。

中小企业贷款难是一个世界性的难题，并非中国特有。理论界对中小企业贷款难主要有三种解释[1]:

第一种将原因归结为政府实行利率管制。银行的信贷提供曲线由标准的利润最大化原则所决定。如果银行可以实行价格歧视，对每一笔贷款都能够分别定价，对不同质的借款者索取不同的利率，则不存在贷款难。但是，由于政府实行利率管制，银行不能根据风险状况对中小企业实行差别定价，无法实行价格歧视，这样一部分中小企业就会出现贷款难。解决的办法是实现利率市场化或者是大力发展中小银行[2]。

第二种解释认为中小企业贷款成本高。一是认为对大企业贷款相当于批发，而对小企业贷款相当于零售，成本当然不同。二是认为大企业贷款具有"收缩刚性"，即大企业信贷需求大，合同期限长，银行的前期合同会影响到银行的当期决策，当前期贷款成为沉淀成本后，即便借款人的项目没有效益，但如果沉淀成本可观或者预期的未来收益较大，贷款人也不得不继续发放贷款。所以在信贷紧缩时，中小企业贷款就更加困难。对我国中小企业贷款难，许多人认为还有政治利益的考虑，如果一笔给私人企业的贷款出了问题，有关负责人可能会被认为收取了贿赂[3]。

第三种解释认为是信息不对称,意指中小企业要远比银行了解自己，具有信息优势。这种不对称信息会产生"逆向选择"与"道德风险"。如果银行只是设定一个利率水平，不能选择竞争性利率水平，那么好企业还贷，坏企业赖账，银行将限制对中小企业贷款。即使没有政府干预，由于借款人方面存在的逆向选择和道德风险行为，信贷配给也可以作为一种长期均衡现象存在。如果银行同时决定贷款的利率和所需的抵押品价值，并且提出一组有不同的利率和

---

[1]参见：顾义河，2011："信贷约束、声誉与中小企业贷款"，北京大学中国经济研究中心硕士论文，易纲教授指导。

[2]参见：林毅夫，2000："发展中小银行解决中小企业融资难题"，《新经济》，2000年第6期。

[3]参见：樊纲，1999："发展非国有银行势在必行"，《财贸经济》，1999年第6期。

抵押品要求的贷款合同，那么企业愿意提供的抵押品越大，就意味着企业贷款越有说服力，中小企业贷款难是因为缺乏有说服力的证据表明风险状况。解决的办法是建立信用制度以及采取信贷创新[1]。

实际上，我国中小企业融资难具有深刻的经济背景，原因十分复杂，既与经济转型有关，又与制度残缺有关，既有金融部门的问题，又有中小企业自身的问题。

第一，经济转型。1997 年亚洲金融危机以来，市场经济开始由卖方市场转向买方市场，产品出现结构性过剩，中小企业的数量迅速增加，竞争加剧。2011 年末，具有法人代表的中小企业 1100 万家，以个体户登记的企业有 3600 多万家，总计超过 5000 万家。竞争加剧，优胜劣汰明显，生产存续期达到 3 年左右的中小企业仅为 50%，能够生存到 10 年以上的中小企业仅为 1%。许多中小企业依然停留在传统行业，甚至是国家严令禁止的行业，如许多小水泥厂、小钢厂、小玻璃厂等，技术设备落后、自身素质低下、内部管理不规范、财务信息弄虚作假、自有资本金不足，甚至蓄意逃废银行债务，不良贷款率很高，远远高于大企业，严重挫伤银行贷款的积极性。

第二，国有商业银行实行信贷集中。1997 年开始，四家国有商业银行开始强化风险约束，普遍关注信贷风险，纷纷采取信贷集中战略，有计划地撤销、合并或降格部分分支机构，上收信贷审批权限，严格授信管理，信贷资金向大企业、大项目集中倾斜。总体来看，商业银行在信贷资金管理体制上进行调整，方向是好的，符合商业银行自身发展需要，对尽快推进商业银行市场化改革进程，防止过度竞争，以及降低新增贷款不良率，提高信贷资产质量，提高盈利水平发挥了一定作用。但是，在金融组织体系尚不完备，地区经济发展不平衡的情况下，国有商业银行改革，牵一发而动全身，事关国民经济发展的方方面面，改革所采取的策略和方式一定要与国家宏观经济政策的总体目标相适应，应充分考虑目前社会经济发展的现状和承受能力。

第三，中小企业直接融资渠道狭窄。我国证券市场建立的初衷是作为国企改革的重要方案之一，这样的定位一开始就排除了中小企业。发行企业债券、股票以及债转股等主要发生在大企业。国家优先安排上市的公司主要是大企业

---

[1] 参见：蔡鲁伦，1999：“中小企业融资的五大制约因素分析”，《财贸经济》，1999 年第 6 期。

或由中小企业组建而成的企业集团，优先扶持发行债券的企业主要是重点行业大企业，债转股的对象也主要是国家重点扶持救助的大企业。债权融资和股权融资渠道并没有向绝大多数中小企业开放。进入主板市场的门槛高，中小企业不可能在主板市场融资，而海外上市又障碍重重。虽然创业板最终得以推出，但主要是针对成长性好、科技水平高、资金密集型的中小企业，难以解决为数众多的其他中小企业的融资问题。因此，目前我国中小企业的融资渠道依然十分狭窄，信贷资金还是中小企业外部融资的主要渠道。

表 5.2：2008 年至 2011 年中小型企业贷款余额（亿元）

	2008 年	2009 年	2010 年	2011 年
中型企业贷款余额	7.14	8.33	10.13	11.01
小型企业贷款余额	3.13	5.34	7.55	10.76
合计	10.27	13.67	17.68	21.77

第四，中小企业间接融资体系不健全。目前，企业的间接融资体系主要由政策性银行、国有商业银行、股份制商业银行、城市商业银行、城乡信用社等共同组成。国有商业银行由于信息和交易成本上的问题，为中小企业提供融资的服务成本很高，是不经济的。如果国家强令其为中小企业融资，将无疑成为国有商业银行的政策性任务，等同于给国有商业银行施加了"政策性负担"。股份制商业银行主要集中在大中城市，分布区域有限，网点不多。城市商业银行、城市信用社资金实力和营业网点有限，很难发挥支持中小企业发展的主力军作用。农村信用社主要为农民服务，发放农户贷款，很难进城补缺。目前看来，中小企业间接融资体系并不健全，在相当长一段时间，中小企业的间接融资还需主要依靠国有商业银行。

国内大多数文献都提出了将大力发展中小金融机构作为解决问题的办法。林毅夫提出建立以商业性中小银行和合作性贷款金融机构为主的中小企业融资体系，因为与大金融机构的经营取向不同，中小金融机构比较愿意向中小企业贷款，除了因为其资金较少、无力向大企业融资外，主要是因为它们在为中小企业提供服务方面有信息优势。从关系型贷款角度看，中小金融机构由于所有权和经营权的集中以及较少的层级结构，能够在更大程度上降低软信息开发的代理成本在为中小企业提供融资上有优势。

第五，中小企业发展的外部配套设施不完备。与直接融资不同，间接融资过程中，银行要事先对中小企业进行甄别并通过合同条款对中小企业进行约束，在事后依据合同条款进行监督。调查、签约、履约的交易成本，必须是银行可承受的。但是由于中小企业发展的外部配套设施不健全，银行为中小企业贷款的交易成本很高，信贷风险很大。一是信用担保制度不健全，许多无法获得银行贷款的中小企业同样无法获得担保公司的担保。全国或区域性的再担保机构的缺少使担保机构的经营风险难以有效分散和化解，制约了信用担保业务的发展。由于缺少抵押品，小企业要获得大笔贷款往往很难，解决方法之一是改善小企业风险特征信息的管理，降低获取小企业所有者的信贷历史信息的成本，完善信用征信评估体系。优良的信用注册系统使得低成本的自动信用评级技术成为可能。二是抵押担保体制不完善。抵押担保登记、评估手续繁杂，费用高。抵押登记的期限与贷款、抵押合同期限相脱离。通过抵押得到的贷款比例偏低，企业用财产抵押获得贷款非常有限。三是缺乏完善的法律法规的支持保障。法律执行的不足，导致贷款人的利益得不到充分保护，从而使小企业可以获得的贷款数量和种类减少[1]。

---

①参见：上海财经大学小企业融资研究中心，2010：《中国金融发展报告，2010》，上海财经大学出版社。

第二节　国际经验

许进等介绍了世界各国中小企业融资的实践模式[1]：

一是美国，中小企业的融资体系激励色彩较浓，政府干预较少。政府的作用主要是为小企业创造一个相对公平的融资环境，一方面通过小企业管理局制定宏观调控政策，引导民间资本向小企业投资，另一方面为小企业提供信贷担保。美国采用信用评分和贷款证券化改善了小企业的间接融资环境。美国有超过 8900 家社区银行主要面向当地家庭、中小企业和农户的金融需求[2]。

二是德国，中小企业融资体系的特点是以信贷为主，缺乏发达证券市场支持，主要由官方机构和民间机构构成。官方机构有德国复兴信贷银行、德国清算银行、抵押担保银行、公共储蓄银行和信用合作社，这些金融机构在政府支持下对中小企业提供低息贷款和长期贷款。其中德国复兴信贷银行和德国清算银行是政府所有的政策性银行，主要充当中小企业和商业银行的中介。

三是意大利，中小企业融资体系包括专为中小企业服务的银行、中小企业基金、信贷担保机构、资本市场和风险投资。对中小企业的资金扶持都是通过国家法律、政府政令的形式确定下来，明确规定有关信贷银行等金融机构应承担的业务范围。1970 年后，扶持由普遍性转向选择性，向质量型、内涵型中小企业倾斜。政府不仅制定相关法律为担保联合体提供政策支持，还专门建立二级担保机构，协助初级担保联合体提高对中小企业信用担保的力度，具体表现为担保额度由 50% 提高到 70%。

---

[1] 参见：许进，2009：《中小企业成长中的融资瓶颈与信用突破》，人民出版社。
[2] 依据 2002 年的数据。

四是日本，中小企业融资体系为政府主导型，支持中小企业发展的主要是中小金融机构，包括民间金融机构和政府金融机构。其中政府金融机构主要包括专为中小企业服务的政策性金融机构（国民金融公库、中小企业金融公库、商工组合中央金库）、中小企业信用担保体系（中小企业综合事业团、信用保证协会）以及风险投资机构。日本的中小企业立法在世界各国中是最完备的，先后颁布了《中小企业振兴资金助成法》、《中小企业信用保险公库法》、《中小企业现代化资金助成法》等 30 余部法律法规，构成了完整的中小企业法律体系，对中小企业、新建企业的融资及发展从法律上给予明确的支持。

第三节　"窗口指导"：一种软约束

2008 年国际金融危机爆发以来，许多国家中央银行在危机应对上使用了"窗口指导"。虽然此次危机没有改变中央银行的货币政策框架，但一些非传统的货币政策工具开始被频繁使用，其中之一即是"窗口指导"。比如，多家中央银行承诺在不影响中长期价格稳定的前提下，维持低利率或零利率；美联储承诺，实行"三轮"的量化宽松货币政策等，均是旨在引导市场预期。

"窗口指导"，又称"道义劝说"，指中央银行根据国民经济的宏观形势对商业银行的一些经营行为进行道义上的劝说和建议。"窗口指导"的好处在于可以避免直接控制手段的简单划一，有助于中央银行与商业银行及其它金融机构的长期密切合作。"窗口指导"的形式主要有两种：第一种是制定信贷政策指导性文件，指导商业银行贷款投向；第二种是利用"会议"机制，或公开发表承诺，以传达中央银行的政策意图。

针对中小企业贷款难，中央银行采取的第一种措施就是"窗口指导"。1998 年下发了《关于进一步改善中小企业金融服务的意见》；1999 年下发了《关于加强和改进对小企业金融服务的指导意见》，要求金融机构进一步强化和完善对小企业的金融服务；2000 年，下发了《关于对淘汰落后生产能力、工艺、产品和重复建设项目限制或禁止贷款的通知》，对中小企业进行清理分类、区别对待、扶优限劣；2001 年，又提出要进一步发挥信贷指导、完善服务机构、规范和发展中小金融机构、合理增加再贷款和再贴现以及完善信贷管理办法等 8 条指导意见；2002 年又出台了《关于进一步加强对有市场、有效益、有信用中小企业信贷支持的指导意见》，提出了建立健全中小企业信贷服务组织体系、完善授信评级制度、努力开展信贷创新等 10 条指导意见。

2010 年，人民银行会同银监会、证监会、保监会出台《关于进一步做好中小企业金融服务的意见》，督促金融机构创新产品、加强服务，提升对中小企业的金融服务水平，提出中小企业贷款增速高于企业贷款增速，增量高于上年同期（两个不低于）的要求。截至 2010 年末，中小企业人民币贷款余额（含票据贴现）17.7 万亿元，同比增长 22.4%。其中，小企业贷款余额 7.5 万亿元，同比增长 29.3%，较去年同期多增 3000 亿元，实现了增速高于企业贷款平均增速，增量高于上年同期的要求①。

2011 年，中国人民银行发布《关于开展中小企业信贷政策导向效果评估的通知》，明确从 2011 年开始，人民银行分支机构对省级及省级以下金融机构开展中小企业信贷政策导向效果评估，促进金融机构进一步改进和提升对中小企业的综合金融服务水平，提高中小企业信贷政策导向效果②。

总体看，这些政策措施对引导商业银行增加对中小企业贷款发挥了一定作用。但是，"窗口指导"说到底是一种软约束，"既不是数量性工具，也不是价格性工具"，"贷款程序、贷款数量的决定权仍掌握在商业银行手中"③。商业银行贷与不贷，贷多贷少，贷给谁，怎么贷，信贷政策概不干涉，不具有强制性④。这就意味着尽管这种"道义劝告"有时有效，但必须符合商业原则，比如消费信贷就是一个典型的例子，大多数时候商业银行大可以充耳不闻，我行我素。

---

①参见：谢多，2011："加强宏观信贷政策指导支持和促进民生事业发展"，人民银行网站，3 月 8 日。
②参见：上海财经大学现代金融研究中心，《中国金融发展报告》，2012。
③参见：谢平，2000："新世纪货币政策的挑战"，《经济研究》第 1 期。
④参见：戴相龙，1998：《领导干部金融知识读本》，中国金融出版社。

第四节 利率浮动:一种利差创造租金机制

在利率市场化渐进式改革的过程中,中央银行通过不断扩大贷款利率浮动幅度,让市场逐步适应市场化的利率,以确保"价格"改革的稳定。在这一过程中,中小企业与国有企业的利率浮动幅度是不同的,租金就此产生。

目前,贷款利率已经完全取消了上下限管理,实现了市场化,中小企业与国有企业一视同仁,政府强制性的租金设计已经消失了,但这段历史不该被忘记。

由于 2004 年以前是按照企业规模大小来区分利率浮动幅度的,所以,我们仅截取 1999 年至 2002 年这一时间段,计算由此产生的租金。

一、利差创造租金机制

与国有部门信贷政策不同,中小企业信贷政策的租金配置机制是反向的。信贷政策对国有部门实行的是低利率,对中小企业因贷款利率浮动幅度扩大而实行的是高利率,似乎是实行价格歧视,租金从中小企业转移到了金融部门。这是一种典型的利差创造租金机制。

整个租金配置过程是这样的:利率浮动幅度扩大 30%,金融部门获得了 30%的利差租金,中小企业承担了相应数量的利息成本,但获得了新的投资机会,增加了利润,居民部门因中小企业扩大了吸纳就业的能力,多了就业机会,获得了工资收入,政府以税收的形式通过对上述三部门分别征税,分得了部分收益。

我们以乡镇企业、三资企业以及私营企业与个体工商户(短期贷款者)三者为例，说明中小企业贷款利率浮动幅度扩大的租金创造机制（见表 5.3）。

一些问题说明如下：第一，由于利差的产生是由于中小企业贷款与大企业贷款利率浮动幅度差异造成的，所以我们以大中型企业的利率水平作为参照利率[1]；第二，由于农村信用社贷款利率浮动幅度为 50%，所以我们把金融部门划分为两个部门，单独计算农村信用社获得的租金水平，一是各商业银行与城市信用社（表 5.3 中标示为 I），二是农村信用社（表 5.3 中标示为 II）。

表 5.3：1999 年至 2002 年乡镇企业、三资企业以及私营企业与个体工商户贷款利差以及租金配置[2]

	1999 年	2000 年	2001 年	2002 年
大企业贷款利率（1 年期）%	7.029	6.435	6.435	5.841
中小企业贷款利率 I（1 年期）%	8.307	7.605	7.605	6.903
中小企业贷款利率 II（1 年期）%	9.585	8.775	8.775	7.965
利差 I（%）	1.278	1.17	1.17	1.062
利差 II（%）	2.556	2.34	2.34	2.124
贷款新增额 I（亿元）	760	483	271	281
贷款新增额 II（亿元）	412	351	250	260
租金 I（亿元）	9.7	5.7	3.2	3
租金 II（亿元）	10.5	8.2	5.9	5.5
总租金（亿元）	20.2	13.9	9.1	8.5

之所以选择乡镇企业、三资企业以及私营企业与个体工商户的短期贷款进行研究，主要是由于很长时间内金融机构没有一个统一的中小企业贷款统计口径，无法得到准确的中小企业贷款数字，只有以此作为参考。

分析表中结果，可以得出以下结论：

第一，三类企业的租金配置与国有企业的租金配置是反向进行的。后者是从金融部门转移租金，而前者则向金融部门转移租金。四年金融部门共计获得租金收益 52 亿元。

第二，在上述三类企业中，农村信用社所获得的租金收益非常高，四年累计获得租金 30 亿元，占全部租金收益的 58%，主要原因在于农村信用社的利率浮动幅度要比其它金融机构多 20%，所获得的利差平均要高出 1 个百分点；

---

[1]这里所指的参照利率是指在基准利率基础上再上浮 10%，全部浮满。

[2]说明：(1)由于中小企业贷款利率扩大幅度是在 1998 年 10 月，所以从 1999 年开始计算；(2)中小企业贷款一般期限较短，所以选择 1 年期贷款利率水平；(3)大企业贷款利率上浮 10%，中小企业贷款利率 I 上浮 30%，中小企业贷款利率 II 上浮 50%；(4)这一统计由于没有包括工业企业、商业企业、农业企业以及建筑业企业的中小企业，所以数字大大偏小；(5)上述数字主要来自各年度人民银行信贷收支统计月报以及利率公告。

其次是农村信用社对乡镇企业贷款比重比较大，甚至有时接近50%的比例，而乡镇企业在三类企业中贷款比重比较大，达到40%以上。这也充分说明，利率浮动幅度扩大对农村信用社有较大的刺激作用。

第三，所估计的租金值可能会偏小。原因有两个，一是由于中小企业贷款期限比较短，频率高，甚至不到一年，选择贷款新增额进行统计，所估计的租金值可能会偏小。二是由于商业银行对许多大企业实行的不是上浮10%的利率，而是基准利率，甚至是下浮10%，这样利差更大，租金更多，所以选择上浮10%作为参考利率所估计的租金值会偏小。

第四，租金的杠杆作用明显。1999年至2002年，四年的时间，三类企业以52亿元的租金成本，获得了3068亿元的贷款，杠杆率高达59倍，租金配置机制的杠杆效果显著。

需要质疑的是，如果没有利率下调，这些企业是否就一定无法获得贷款呢？如果答案是肯定的，那么杠杆作用可予以肯定；但如果答案是否定的，那就意味着贷款利率浮动的结果极有可能是，在原有的信贷市场上，银行借机扩大了贷款利率，三类企业被迫增加了成本，而没有新的企业进入，没有新的企业获益。

二、利率浮动幅度扩大与资源配置

古典经济学认为，利率是价格信号，作为资金价格，利率所包含的信息是充分而完全的，能够完全自动充当潜在贷款人的信息甄别标准，并能够使经济达到帕累托最优[①]。因此，利率的自由浮动可以实现市场出清。斯蒂格利茨（Stiglitz）和韦斯（Weiss）进一步指出，信贷配给是信贷市场的常态。所谓信贷配给，是指以下两种状态：在所有的贷款申请人中，只有一部分能够得到贷款，另外的申请人即使付出更高的利率也难以得到贷款；一个贷款申请人的贷款请求只能部分得到满足。利率作为价格信号，信贷配额作为数量信号，双重调节决定了金融机构就是通过对不同借款人的风险和收益进行评估，向具有不同风险收益的借款人收取不同的风险补偿，从而实现信贷资金配置的帕累托最优。

在扩大对中小企业贷款的利率浮动幅度而不是实行完全的利率管制情况

---

① 但是，古典经济学并没有考虑到银行和潜在贷款人之间的信息不对称以及由此引发的道德风险和逆向选择问题。

下，银行对不同借款人收取不同风险补偿的能力得到提高，从而提高了信贷资金的配置效率。一方面，银行可以对高风险、高收益的中小企业收取高的风险补偿，另一方面，与放松利率管制相伴随的往往是政府对信贷资金流向的控制弱化，即信贷配置趋于市场化，这样就提高了经济的整体效率。此外，在扩大利率浮动幅度后，银行可以收取一定的通货膨胀风险补偿，中小企业的长期融资可以有所放松，从而提高了社会效益。

由于不同中小企业的预期收益与潜在风险存在差异，银行要实现信贷资金的最优配置就应实行"价格歧视"。一些中小企业可向银行提供足够多的预期收益，这样这些借款人都能以均衡利率获得资金[1]，而那些提供的预期收益太少的中小企业，就得不到银行贷款。银行要考虑所有种类的中小企业并确定从每一类中小企业中能得到多少的最大预期收益。如下的分析说明了扩大利率浮动幅度所产生的经济效应：

假定有四类中小企业，根据它们最大的预期收益来排序，分别为 1、2、3、4。假定经济中有一家居于垄断地位的银行，假设无利率管制，实行完全的利率自由化，该银行将会按照每一类中小企业相应的最大预期报酬率来确定贷款利率。假设它对四类中小企业征收的贷款利率分别为 I_1、I_2、I_3、I_4，得到的预期报酬率分别为 R_1、R_2、R_3、R_4。如图 5.1 所示：

图 5.1：扩大利率浮动幅度对信贷资金配置效率的影响

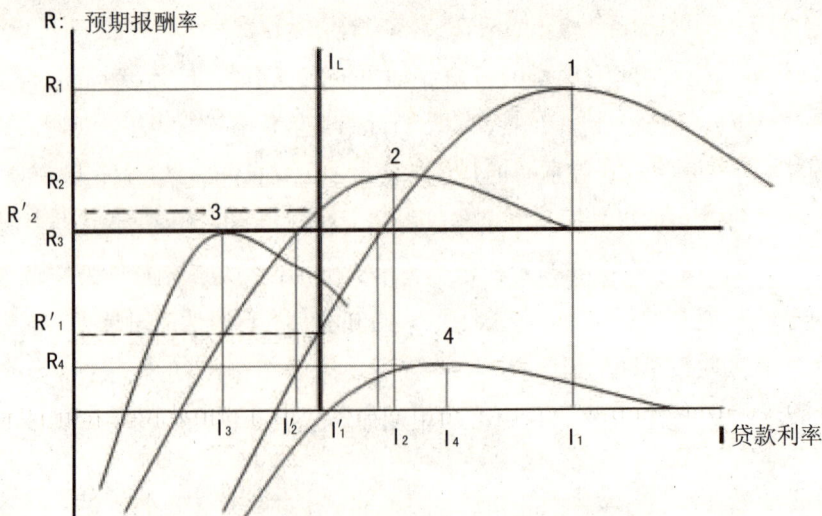

---

[1]如果是竞争不充分，由于个体的差异，他们之间的均衡利率水平有可能并不一致。

从图 5.1 中看出，银行将会首先将所有的资金都配置给第 1 类中小企业，满足第 1 类中小企业资金需求后，若有剩余，将继续贷款给第 2 类中小企业，此后就是第 3 类和第 4 类中小企业。假设当前银行的资金能全部满足第 1 类和第 2 类中小企业的需求，并能向第 3 类中小企业提供部分融资。

如增加银行数量，贷款人市场由垄断转为竞争性，市场竞争将驱使贷款利率下降，直到向第 1、2 类借款人收取的贷款预期收益等于边际预期收益 R_3，从而银行只能向第 3 类中小企业收取垄断利率 I_3，而第 1、2 类中小企业的贷款利率分别为 I'_1 和 I'_2。因此，竞争的结果是银行将根据中小企业的风险和收益不同收取不同的风险补贴，以使银行在每一类企业贷款上的预期报酬率相等。

现在对贷款利率实行完全管制，银行对任何借款人的贷款都不能收取超过 I_L 的利率。此时根据银行的贷款预期报酬率确定的贷款优先顺序有了很大的变化。银行向中小企业贷款所获得的预期收益率的高低排序分别为：R'_2，R_3 和 R'_1，因此，银行将首先向第 2 类中小企业贷款，其次是第 3 类，最后才是第 1 类。可见，当潜在的投资项目在很大程度上具有不同的质量时，严格的贷款利率控制将极大地扭曲投资资金的配置，从而影响整体经济的投资效率。

这时扩大利率浮动幅度，允许银行对借款人的贷款利率可以上浮 30%，下浮 10%，所收取的利率水平可以在 $[I'_2\ I_2]$ 区间内浮动。如此可以发现，在此区间内，银行可以按照 R_3 的水平对第 1 类、第 2 类中小企业分别收取 I'_1 和 I'_2 第贷款利率，同时还可以提高第 3 类中小企业的贷款预期报酬率。扩大浮动幅度，效率明显改善。进一步我们可以发现，如果继续扩大下浮幅度，如到 I_3，银行可以进一步提高贷款的预期报酬率，同时贷款利率下调，其结果是，无论是中小企业还是银行，两者的福利水平都得到了改进。

但是，需要指出的是，与政府直接干预信贷决定过程的行政式信贷配给不同，这里的扩大利率浮动效应并不是孤立的，是与银行其它的信息甄别机制相联系在一起的，其前提是建立在市场机制之上的，能够达到优化资源配置，提高投资效率的作用。相反如果由于信息不对称等因素，效果可能并不明显。正如斯蒂格利茨（Stiglitz）和韦斯（Weiss）所指出的那样，银行的预期收益依赖于贷款利率和贷款人的还款可能，因此在贷款时不仅关心利率，而且关心贷款风险。但是由于信息不对称，信用制度没有建立，银行无法判断借款人的信用，在偏好上极可能极为谨慎，预期报酬率的模糊，可能会淡化利率区间扩大的效应。

扩大利率浮动幅度，可能导致信贷紧缩。在长期利率管制下，由于利率长期处于低利率水平，因此经济中企业的资产负债率普遍较高，出现了过度负债；另一方面，由于政府对信贷配给的行政性干预，项目的投资收益率很低。扩大利率浮动幅度导致市场利率的提高，会导致原有信贷项目的收益率低于现行市场利率，并且导致企业的资产净值下降和成本上升，从而侵蚀贷款抵押比例，这时银行会要求补足担保，或提前还款。这样企业有可能廉价出售资产，导致资产价格的进一步下降。企业廉价出售资产以及其利润的降低，必然会促使企业减少产出、交易和劳动雇佣，从而引致居民消费缩减，总需求降低，引致价格总水平的下降，实际利率的进一步上升，从而进一步降低企业的资产净值和利润，形成恶性循环。

三、利率市场化改革

中国利率市场化改革的总体思路是，"先外币、后本币；先贷款、后存款；先长期、后短期；先大额、后小额（存款）"。1996年以来，以放开银行间同业拆借利率为起点，通过发展金融市场、扩大利率浮动幅度、简化利率档次等，逐步实现了"存款利率管上限、贷款利率市场化"的改革目标。利率市场化的条件有：

第一，有市场公认的、可供参考的基准利率体系，以替代现行的存贷款基准利率体系。目前，短期基准利率受制于货币市场不发达，中长期基准利率受制于国债市场分割、关键品种未形成滚动发行的影响。上海银行间同业拆放利率（SHIBOR）受存贷款利率影响大，与之挂钩的交易品种少，交易的真实性和有效性不好说。

第二，金融机构能够承受利差风险，适应存贷款市场的竞争。如果银行的利润来自存贷款利差，一旦存贷款利差缩小，甚至产生恶性竞争，乃至诱发道德风险或"逆向选择"，可能对一些银行造成冲击。

第三，金融市场足够发达，金融产品足够丰富，企业、居民有足够的风险辨别能力、风险承担能力、风险防范机制以及财务约束机制。各类风险偏好的投资者，都有可供选择的避险工具和投融资渠道。市场结构合理。存贷款的比重越小，改革对市场影响越小，越有利于进行。

第四，利率传导机制通畅。通常情况是，中央银行引导短期市场利率，带动整个市场利率体系调整，最终影响企业、居民的行为。目前，从短期到长期、从市场到居民和企业，乃至各类利率体系的比价关系等问题仍未理顺。

反过来，也要看到，上述诸多条件之所以难以具备，很大程度上恰恰与利率市场化改革尚未到位有关。即价格改革与企业改革、市场发育之间，始终有着一个"鸡"和"蛋"的先后逻辑悖论问题。

表 5.4：利率市场化改革进程一览表

改革时间	改革内容	备 注
1986 年 1 月	专业银行资金可以互相拆借，期限和利率由借贷双方协商议定。	开始探索
1986 年	再贴现利率在同期各档次银行贷款利率的基础上，上下浮动5%~10%。	
1987 年 1 月	商业银行流动资金贷款可在基准利率基础上上浮 20%。	
1990 年 3 月	拆借利率实行上限管理。	
1992 年	国债首次实行承购包销。	
1995 年 7 月	首次提出，"先外币后本币，先贷款后存款，先商业银行后政策性银行，先批发后零售，先放开同业拆借利率，后扩大商业银行决定利率自主权"的改革路径。	确定总体改革思路
1996 年 1 月	撤销各商业银行组建的融资中心，建立全国统一的同业拆借市场，生成中国银行间拆借市场利率(CHIBOR)。	银行间同业拆借市场建立
1996 年 6 月	放开了银行同业拆借利率。	
1996 年 5 月	再贴现率在相应档次再贷款利率基础上下浮 5%~10%。	
1996 年 5 月	流动资金贷款利率上浮区间下降为 10%,下浮仍保持在 10%。	
1997 年 6 月	银行间债券市场正式启动,同时放开了债券市场的债券回购和现券交易利率。	银行间债券市场建立
1998 年 3 月	再贴现利率由人民银行决定。贴现利率在再贴现利率基础上加0.9 个百分点。7 月，贴现利率最多加点幅度为 2 个百分点。12 月，贴现利率最高限为同期银行贷款利率(含浮动区间)。	改革贴现利率和再贴现利率
1998 年 3 月	合并法定准备金与超额准备金存款账户，实行统一利率。	
1998 年 8 月	放开了政策性银行发行金融债券的利率。	金融债发行实现市场化
1998 年 10 月	小企业贷款的利率上浮区间提高到 20%,农村信用社贷款利率上浮区间由 40%提高到 50%	
1999 年 4 月	县以下金融机构发放贷款的利率可上浮 30%。9 月，商业银行对中小企业的贷款利率最高也可上浮 30%。	
1999 年 10 月	国债发行采用市场招标。	
1999 年 10 月	批准中资商业银行法人对中资保险公司法人试办大额定期存款实行协议利率。	存款利率市场化启动
2000 年 9 月	放开外币贷款利率和 300 万美元(包括等值其他外币)以上大额外币存款利率。	实现了外币贷款利率市场化
2001 年	银行间债券市场引进做市商制度。	

续表

改革时间	改革内容	备 注
2002 年	在 8 个县农村信用社进行利率市场化改革试点,允许贷款利率最高浮动幅度扩大到 100%,存款利率最高上浮 50%。	
2002 年 2 月	协议存款试点扩大到社保基金会。12 月,又扩大到已完成养老保险个人账户基金改革试点的省级社保机构。	
2002 年 3 月	统一了中外资金融机构外币利率管理政策。	
2003 年 7 月	放开了英镑、瑞士法郎和加拿大元的外币小额存款利率。	
2003 年 8 月	农村信用社贷款利率上浮可达 100%。新增邮政存款转存人民银行部分,按照金融机构法定准备金利率计息(1.89%)。此前的转存款仍按 4.131%计息。	
2003 年 11 月	对美元、日元、港币、欧元小额外币存款利率实行上限管理。	
2003 年 11 月	商业银行和农村信用社可以开办邮政储蓄协议存款。	
2003 年 12 月	对金融机构法人法定准备金存款和超额准备金存款采取"一个账户,两种利率"的方式分别计息。当时法定准备金利率为 1.89%,而超额准备金利率降至 1.62%。	改革存款准备金利率
2004 年 1 月	商业银行、城市信用社贷款利率浮动区间[0.9, 1.7]。农村信用社贷款利率浮动区间[0.9, 2]。不再区分企业所有制性质和规模大小。同时,放开人民币贷款的计结息方式和 5 年期以上贷款利率上限。	放开 5 年期以上贷款利率
2004 年 3 月	建立再贷款浮息制度。流动性再贷款利率以流动性再贷款基准利率加点生成,初定 2 个百分点;专项政策性再贷款利率在中长期国债发行利率基础上加点生成,初定 0.5 个百分点;金融稳定再贷款利率按照国务院批准水平执行(绝大部分为固定利率 2.25%)。	探索再贷款利率市场化
2004 年 10 月	金融机构(不含城乡信用社)人民币贷款利率上限取消,城乡信用社贷款利率上限为 130%。所有金融机构贷款利率下限仍为 90%。所有金融机构的人民币存款利率下限取消。	实现"贷款利率管下限、存款利率管上限"阶段性目标
2004 年 11 月	放开 1 年期以上小额外币存款利率。	实现了外币存款利率市场化
2007 年 1 月	发布上海银行间同业拆借利率(SHIBOR)。	探索建立基准利率
2008 年 1 月	推出利率互换业务。	
2012 年 6 月	存款利率浮动区间的上限调整为基准利率的 1.1 倍,贷款利率浮动区间的下限调整为基准利率的 0.8 倍。	
2013 年 7 月	全面放开金融机构贷款利率管制。	贷款利率实现市场化

2013 年 7 月 19 日,人民银行宣布,全面放开金融机构贷款利率管制。取消对金融机构的贷款利率 0.7 倍的下限,由金融机构根据商业原则自主确定贷款利率;个人住房贷款利率浮动区间不变;取消票据贴现利率管制,取消农信社贷款利率 2.3 倍的上限。至此,贷款利率市场化改革终告完成。此次贷款利率的完全市场化对金融市场各类产品重新定价、金融机构资产结构及财务状况、大中型企业的融资选择及议价能力等将带来深远的影响。

总之,利率市场化改革将为中国经济创造一种更为严谨的货币条件。即通过改善金融压抑,让利率决定逐渐回归到由公众时间偏好决定的自然利率状态。在此机制下,即期的消费、储蓄和投资,随公众的时间偏好而自动调节,利率变动使得资源配置与消费者时间偏好一致。

第五节　再贷款：一种混合租金机制

解决中小企业贷款难问题的另一种措施是，增加对中小金融机构的再贷款。这种金融控制方式同样已成为历史的记忆，现今已经不再使用。

1998 年至 2002 年在应对亚洲金融危机中，为增强中小金融机构服务中小企业的资金实力，中央银行对这类金融机构的再贷款逐年增加。因此，我们截取这段时期来估算租金规模。

1998 年至 2002 年，中小金融机构再贷款余额分别为 117 亿元、272 亿元、412 亿元、390 亿元、225 亿元（见表 5.5）。再贷款的增加，其目的是旨在通过增强中小金融机构的资金实力，进而支持中小企业发展。

表 5.5：1998 年至 2002 年中小金融机构再贷款及其租金配置[①]

	1998 年	1999 年	2000 年	2001 年	2002 年
再贷款利率(1 年期)%	7.92	5.13	3.78	3.78	3.24
中小企业贷款利率（1 年期）%	10.292	8.307	7.605	7.605	6.903
利差%	2.372	3.177	3.825	3.825	3.663
再贷款余额（亿元）	117	272	412	390	225
总租金（亿元）	2.8	8.6	15.8	14.9	8.2

再贷款支持中小企业发展，是一种隐含的混合租金机制。其含义是，一方面通过再贷款的低利率与中小企业贷款的高利率形成利差，创造租金，为金融

[①]说明：(1) 由于中小金融机构再贷款是以 1 年为限额循环周转使用的，所以计算余额而不是新增额；(2)中小金融机构中不含农村信用社，因为农村信用社再贷款主要用于农户小额信用贷款；(3)中小企业贷款利率是在基准利率基础上上浮 30%；(4)再贷款余额统计中，有一些是政府补贴性质的，无法剔除，数字可能偏大；(5)1998 年的利率用的是 3 月降息后的数字，1999 年用的是 1998 年 12 月降息后的数字，2002 年用的是 2 月降息后的数字。

部门提供租金机会，租金来源不仅来自中小企业，还来自中央银行；另一方面通过再贷款的形式对中小金融机构进行变相补贴，即借款不还（许多是以循环滚动的形式）。所以是包含了两种机制的混合租金机制。由于再贷款的对象是中小金融机构，所以这种租金机制仅限于中小金融机构。

从表5.5中，可以得出以下结论：

第一，1998年至2002年，通过再贷款支持中小金融机构发放中小企业贷款，累计为中小金融机构提供了50亿元的租金收益。如果包括中小金融机构借款不还、保支付、防破产等政府直接补贴部分，数额还要大。

第二，通过再贷款的方式支持中小企业，中小金融机构获得了很大的利差，基本上都在3个百分点以上，可以肯定这是一种有效的利益刺激方式，政府并没有直接配置信贷资源，信贷资金配置纯粹是市场化的。

第三，这种支持方式，尽管是一种有效的租金配置机制，但是容易产生道德风险。有可能导致一些中小金融机构不是努力转换经营机制，改进金融服务，提高效益，而是通过获取再贷款、赚取利差的方式，增加收益。

第四，问题是，异化了再贷款的最终用途。再贷款的主要目的不是用于间接发放贷款，支持或限制某一类企业或行业，而是用于弥补金融机构的流动性不足。这也是再贷款管理中的一个重要问题。据统计，2000年，真正用于解决金融机构临时流动性需要的再贷款(正常再贷款)只有93亿元，占全部再贷款余额的0.6%，其余基本上都是金融机构或政府长期性的占用，潜在风险很大。

第四，对中小金融机构增加再贷款以增加中小企业贷款，有一个前提条件，那就是中小金融机构能够将再贷款用于中小企业。但是，统计数字表明，中小金融机构自有资金都不愿意用于中小企业，即便增加了再贷款，也很难保证用于中小企业。

第五，就再贷款的用途而言，主要有两类，一类是救助性再贷款，一类是支持性再贷款。其中，救助性再贷款是刚性的，实际上是承担了财政的职能，而支持性再贷款有一定的政策导向。但救助性再贷款与支持性再贷款在利率、贷款条件等方面的政策却是错位的，救助性再贷款利率更低，贷款条件更优惠，这与再贷款作为货币政策的操作工具的职能是不相符的。支持性再贷款作为调整信贷总量和信贷投向货币政策操作工具，中央银行应有更大的主动性，在贷款条件、利率等方面比救助性再贷款应更灵活，信贷政策的实施应通过再贷款加以引导。

第六节　担保机构：第三方介入租金机制

通过成立中小企业融资担保机构，专门为商业银行发放中小企业贷款提供担保服务。这种方式即是第三方介入。

截至 2010 年末，全国中小企业信用担保机构共有 4817 家，筹集担保资金达 3915 亿元，为 35 万户企业提供贷款担保额 1.58 万亿元，其中，当年新增贷款担保额达 9794 亿元，新增担保企业 22 万户，在保责任余额 9678 亿元，在保企业 21 万户，收入 506 亿元，纳税 31 亿元，实现利润 106 亿元，保持了良好的运行状况。

表 5.6：1999 年至 2010 年第三方介入及其租金配置[①]

	1999 年	2008 年	2010 年
大企业贷款利率（1 年期）%	7.029	8.217	5.841
中小企业贷款利率（1 年期）%	8.307	9.711	6.903
担保费率%	3.195	3.735	1.062
利差%	1.278	1.494	1.268
担保资金增加额（亿元）	40	2334	3915
担保贷款增加额（亿元）	200	7221	9794
担保租金（亿元）	6.4	269.7	104
贷款租金（亿元）	2.6	107.9	124.2
总租金（亿元）	9	377.6	228.2

[①] 说明：（1）大企业贷款利率、中小企业贷款利率分别为同期贷款基准利率上浮 10%、30%，担保费率为同期贷款基准利率的 50%。（2）1999 年的贷款基准利率选择的是 1998 年 12 月 7 日调整后的利率，2008 年选择的贷款基准利率选择的是 2007 年 12 月 21 日调整后的利率，2010 年选择的贷款基准利率是 2008 年 12 月 23 日调整后的利率（直至 2010 年 10 月 20 日贷款利率才再度调整）。

中小企业融资担保机构是一种第三方介入租金机制。担保机构收取的担保费用通常为同期银行贷款基准利率的50%。这就意味着租金的分配是，金融机构获得利息，担保机构获得担保费，中小企业承担双重成本，一是利息，二是担保费。第三方介入的结果是扩大了隐性利率水平。这种机制是金融约束的结果，是由于没有实行利率市场化，商业银行无法按照风险收益原则收取相应利息而引入的第三方介入机制，其目的是通过第三方介入分担风险而实现风险与收益相对称。以下我们来估计中小企业融资担保机构的介入所导致的租金配置。

租金计算公式如下：

总租金＝担保租金＋贷款租金

担保租金＝当年担保贷款增加额×担保费率

贷款租金＝当年担保贷款增加额×(中小企业贷款利率－大企业贷款利率)

参照表5.6我们可以得出：

第一，第三方介入后，中小企业贷款的租金配置机制发生了变化。租金不再是在金融部门与企业部门之间进行转移，而是出现了第三方。以2010年为例，整个租金机制是这样的：当年中小企业获得9794亿元的担保贷款，同时转移出228亿元的总租金，被金融部门与担保机构共同分享，其中，金融部门获得了124亿元的贷款租金，担保机构获得了104亿元的担保租金。粗略估算，租金所产生的杠杆效应高达40多倍。

2012年，财政部和工信部重新修订的《中小企业信用担保资金管理办法》规定，国家对担保机构采取三种支持方式：一是业务补助，即对中、小、微型企业提供担保业务，按照不超过年平均在保余额的1%、2%、3%给予补助。二是保费补助，即对担保费率低于贷款基准利率50%的担保业务提供补助，补助比例不超过贷款基准利率50%与实际担保费率之差。三是资本金投入，按照不超过新增出资额的30%给予注资支持。上述三种方式，均意味着国家直接向担保机构转移租金，目的无非是增强担保机构的实力、鼓励降低担保费率。

第二，风险分担主体增加。本来由金融机构单方面承担的贷款风险，在引入第三方机制后，被担保机构分担了一部分，同时担保机构获得了担保收益。但是如果金融机构因此而放松监管，有可能全部贷款风险完全由担保机构分担，或是由于担保机构风险很大金融机构不得不继续承担全部贷款风险。租金配置的最优状态应该是，金融机构与担保机构协商，共担风险，共享收益。

第三，中小企业成本增加。第三方介入后，中小企业贷款增加了担保成本，这实际上是变相扩大了利率水平，只是表现为担保费用。或者说，担保机构是金融机构利率管制下的产物，它的存在，如果仅仅是增加了中小企业贷款的担保成本，实现了风险与收益的对称，那么，一旦利率扩大浮动或实行市场化，担保机构将失去生存空间。

第四，以 2010 年为例，当年全部新增担保贷款不过 9794 亿元，与巨大的中小企业贷款需求相比，只能是杯水车薪。况且，许多担保机构并没有把重心放在担保业务上，而是变相转向投资，甚至非法集资，是"挂羊头卖狗肉"。这一政策能否真正落到实处，还有许多问题需要研究解决，如担保机构的市场准入、风险控制、资金补偿、资金运用、机构性质以及责任分担、代偿比例等等。这些问题不解决，担保机构很难起到扶持中小企业发展的作用。

第七节　简短结论

结合本章分析，可得出的结论主要有以下三条：

（一）从实践结果来看，我国中小企业融资难题并没有得到根本性解决，形成中小企业融资约束的原因依然存在，解决中小企业融资难仍有很长的路需要探索。

（二）与国有部门的金融控制相比，在租金配置上，两者是反向的，国有部门是从金融部门转移租金，而非国有部门是向金融部门转移租金。对两个部门，政府的初衷是一致的，都是为了"扶持"，尽管方式迥然不同。

（三）不过可以得出的结论是，金融控制程度越高，对中小企业越不利。因此，解决中小企业融资难的终极之路，仍是提高市场配置资源的基础性作用，实现风险与收益对称，让政府回归政府，市场实现市场，企业成为企业。

第六章

居民部门 I：消费信贷

长期以来，贷款与居民无缘。居民部门与金融部门的关系是单一的，一个提供资金来源，一个提供存款服务。普通居民的资金来源主要依靠自有资金、民间借贷或是高利贷，几乎没有从金融部门获得贷款。这可能有三个方面的原因，一是短缺经济下，信贷资金主要用于支持生产部门弥补短缺缺口，扩大总供给，限制总需求；二是消费需求还处在"衣、食"阶段，资金需求特征是短期、小额，易于清偿，依靠民间借贷（或高利贷）就可以解决；三是资金主要用于满足生产部门的投资需求，居民部门的投资需求受到抑制。

1998年以后，市场经济由卖方市场进入买方市场。面临着两个问题，一个是供给过剩，消费需求不足，一个是隐性失业显性化，失业问题突出。如何扩大居民部门的消费需求以及解决就业问题就成为居民部门信贷政策的核心内容。关于前者，主要措施是实行消费信贷，扩大消费需求，我们称之为居民部门的第 I 类金融控制；关于后者，主要是发放小额贷款，扩大投资需求，我们称之为居民部门的第 II 类金融控制。它的目的是实现"主动就业"而不是"被动就业"。

本章重点研究居民部门的第 I 类金融控制，即消费信贷，下一章研究居民部门的第 II 类金融控制，小额信贷。

第一节 消费需求与消费信贷

　　早期经济理论认为,投资与消费相互对立。要增加投资,就必须增加储蓄,储蓄增加的结果是,必然要减少消费。亚当·斯密认为,"资本增加,由于节俭;资本减少,由于奢侈和妄为"[①]。因此,亚当·斯密提出,为了增加一国的财富,加速经济增长,就要大力提倡节俭。李嘉图将消费倾向最高的地主阶级看成浪费阶级,而把投资倾向最高的资产阶级看成先进阶级。受这种思想的影响,许多经济学家积极提倡消费越少越好,储蓄越多越好。储蓄越多,投资越多,经济增长就越快。比如刘易斯就极力推崇将收入分配向储蓄阶层倾斜;而费拉尼斯竟然为劳动剩余经济指出了一条"自然节制"的发展道路[②]。

　　但是,从一次次的"经济危机"中,人们渐渐认识到,刺激消费需求才是解决过剩问题的根本手段。19世纪初,西斯蒙第用广大劳动人民的贫困化引起的消费需求不足来论证资本主义制度下生产过剩的必然性,其政策结论是,解决过剩问题的关键是要改善收入分配,并以此来提高社会总消费需求。马尔萨斯在19世纪提出的危机理论中指出,生产过剩是由消费与储蓄之间的比例不协调造成的,要使供求关系始终保持平衡,关键在于储蓄既不太少也不太多,采取的对策是,增加不劳动者和非生产性劳动者的消费。霍布森认为,生产过剩就是"社会对消费品的需求赶不上生产的增长,即消费不足"造成的,而消费不足的原因是收入分配不合理。

　　凯恩斯将经济大萧条的原因归结为有效需求不足,提出要采取刺激需求的

[①]亚当·斯密,1997:《国民财富的性质和原因的研究》,商务印书馆,第310页。
[②]参见:王检贵,2002:《劳动与资本双重过剩下的经济发展》,上海三联书店。

方式来弥补有效需求的不足。这里，凯恩斯所指的"需求"并非仅仅是投资需求，还包括消费需求。在凯恩斯看来，消费需求和投资需求一样，都是总需求不足的重要组成部分。如果投资需求与消费需求之间"此涨彼消"，同样不能达到刺激总需求的目的。更重要的是，投资需求对总需求的拉动效果取决于投资乘数，而投资乘数的大小又取决于消费倾向。因此如果消费需求不能提高，那么，投资需求就成了无源之水。正是出于这个原因，凯恩斯提出要提高社会消费倾向和消费需求，要"采取大胆果断的步骤，即以收入再分配和其它办法来刺激消费倾向真正的治疗方法是通过收入再分配和其它方法来提高消费倾向，从而，使维持一定水平的就业量所需要的现行投资量具有最小的数值"。①

1998 年推出的消费信贷政策，目的就是扩大消费需求。这与发达国家不同，发达国家实施消费信贷控制的目的是反通货膨胀。消费信贷主要是针对分期付款的耐用消费品。由于分期付款的信用对一般性货币政策工具不敏感，货币当局要想控制消费品的有效需求只能通过选择性政策工具。消费信贷政策包括两个方面的内容，一个是规定首付款比例，也就是可以贷款的最高限额，另一个是规定最高偿还期。两者共同作用调节消费品的有效需求。

对消费信贷控制效果的评价，有三种意见。第一种意见是，一些人认为，消费信贷控制是反通货膨胀的有效措施。卡特政府甚至促使美联储对无担保的消费信贷提取 15% 的保证金②，结果是明显的，消费数量下降了。他们认为，实施消费信贷的目的是反通货膨胀。

第二种意见是，还有一些人认为，消费信贷控制作为一种货币政策工具实际上很难实行，因为货币当局要关注所有的商业消费信用，监督所有的信用供给者，包括大量的赊销商品，这实际上是不可能的。但是如果社会信用不好，赊销容易变成拖欠，只要消费信贷是耐用消费品的主要消费方式，消费信贷控制就应该有效。

第三种意见是，还有一些人认为，通过消费信贷这样的途径来直接增加消费，作用有限。因为，分期付款一般只限于耐用消费品，而"耐用消费品销售额只占工业化国家消费总支出的大约 10%～15%，在欠发达国家，这一比例

---

①参见：凯恩斯，2005：《就业、利息和货币通论》，华夏出版社，第335页。
②参见：梅耶、杜森贝利和阿利伯，1994：《货币、银行与经济》，上海人民出版社，第478页。

显然要低得多"。而且,严格意义上说,"耐用消费品是购买者物质财富的增加,因此,应该算作投资品而不是消费品"[①]。

但是无论如何,有两点结论是可以肯定的。第一,消费信贷的扩大,必然扩大即期消费需求,可以缓解消费需求不足;第二,"虽然货币供应量的变化会影响到分期付款销售所需信贷的可得性和成本,但是由于政府的直接措施在于货币供应量无关的情况下,可以改变有关分期付款比例和偿还期限的协议条件,所以这种直接措施一般可以产生更大、更好预测的影响"[②]。

在西方国家,消费信贷是在二战以后发展起来的。二战以前,西方国家调控消费的主要手段是财政和收入政策。从 50 年代开始,引入金融政策作为调控消费的重要手段,消费信贷迅速发展。借债消费已经成为许多国家居民的一个重要的消费选择。

第一,消费信贷的规模很大。目前,在美国、西欧等国家,消费信贷在整个信贷额度中所占的比重越来越大,一般为 20% ~ 40%,有的甚至高达 60%。消费信贷业务已经成为一些银行的主要收入来源,如花旗银行 2000 年的主要收入中,44% 来自消费信贷业务。美国 70%、德国 60%、日本 50% 的汽车销售都是通过消费信贷来实现的。在法国,1/2 的家庭有债务,1/4 的家庭靠贷款买房子。在美国,每年有 6000 万家庭用信用卡消费。

第二,普遍为消费信贷立法。如美国先后于 1968 年、1980 年制定了《消费信用保护法》以及《消费信贷限制法》,英国于 1974 年制定了《1974 年消费信贷法》等,对消费信贷的概念、提供信用、贷款操作、订立消费信贷协议、以及贷款对象、条件、还款方式等做出了十分详尽的规定。同时对住房按揭贷款、信用卡贷款、汽车贷款等主要的消费信贷品种都做出了具体规定。

第三,设立各类消费信贷机构。如美国消费信贷的开办机构有商业银行、财务公司、储蓄机构以及信用社等各类机构;如日本有专门向工薪阶层消费者提供消费信贷的金融公司、票据贴现公司以及当铺、信用卡公司、邮购公司等。不同性质的消费信贷机构,分别向不同消费者提供不同消费领域、消费品

[①]参见:埃普里姆·艾沙,1998:《发展中国家的财政政策与货币政策及其问题》,商务印书馆。
[②]同上。

种的消费信贷服务。

第四，提供个人信用信息服务。如日本有三家机构，专门向贷款人提供借款人资信信息，银行系统为全国银行个人信用信息中心、邮购系统为 CIC、消费金融系统为全国信用信息联合会。三家机构间互通信息，实行会员制，在严格尊重和保护个人隐私权的基础上，向会员提供客户信息，而且仅限于会员做审批消费信贷时的参考。

第五，建立消费信贷信用担保制度。许多国家都由政府部门出面筹集资金，组建消费信贷担保机构，专门为消费信贷，特别是长期消费信贷，如住房按揭贷款提供担保。在美国，消费信贷担保机构主要是针对住房按揭贷款设立的，按揭担保机构既有政府性质的，又有非政府性质的。如联邦按揭协会、联邦住宅贷款抵押公司以及退伍军人管理局等。在我国，一些地区已经建立了住房置业担保公司，为消费者住房按揭贷款提供担保，但规模很小，作用还十分有限。

第六，提供消费信贷保险。如法国建立了消费信贷人寿保险，在对消费者提供消费信贷服务时，强制消费者购买死亡险，以降低贷款风险。

改革开放以来，我国经济持续快速发展，居民收入和消费水平不断提高，消费成为经济稳定增长的重要力量，消费需求及消费层次呈多元化发展，客观上为消费信贷发展创造了条件。

第一，随着居民收入水平的提高，消费者开始考虑居住教育等较高层次的消费需求。这类消费需求的特点是，消费金额较大、期限长，仅仅依靠消费者自身收入积累，或民间借贷，难以满足。于是产生了对消费信贷的需求，这是消费发展规律决定的，是消费信贷迅速增长的微观经济基础。

第二，1997 年亚洲金融危机后，市场经济由卖方市场走向买方市场，出口和企业投资下降，产品出现阶段性、结构性过剩，消费增长呈现疲态，总需求不足的矛盾突出显现出来。在卖方市场下，总需求大于总供给，产品供不应求。由于信贷资金是短缺的，资源配置到投资领域，效率较高。信贷资金主要流向投资领域，用于扩大生产，刺激总供给，而不是用于消费。随着经济发展，宏观经济由卖方市场逐渐向买方市场转变，商品出现过剩，经济发展中的主要矛盾是总需求不足。总需求不足主要是消费需求不足。这时，信贷资金在消费领域的配置效率提高，就需要通过发展消费信贷，将资金部分转向消费领域，合理安排资源在投资与消费两个领域的分布，提高资源配置的整体效率。发展消费信贷，促进居民消费，以推动经济增长，成为扩大内需政策的重要组成部分。

第三，近年来，我国政府颁布了一系列法律法规，对住房、教育等消费制度进行了改革（见表6.1）。如住房制度逐步取消了单位实物分房，而代之以货币化补贴，实现了住房商品化，同时又推出经济适用住房、廉租住房，居民个人成为住房的消费主体。这些是消费信贷迅速发展的制度条件。以住房贷款为例，随着保障性住房建设的全面推进和加速，保障房信贷支持力度继续加大。截至2012年9月末，全国保障性住房开发贷款余额为5215亿元，占全部住房开发贷款的23.5%。2012年前三个季度，新增保障性住房开发贷款1300亿元，占新增住房开发贷款的86.4%[①]。

表6.1：近年来的主要消费信贷政策

类别	时间	名称	主要内容
	1999.2	《关于开展个人消费信贷的指导意见》	确立消费信贷指导方向、开办机构以及指导意见
住房贷款	1995.7	《商业银行自营住房贷款管理暂行规定》	允许商业银行对个人发放住房贷款
	1998.4	《关于加大住房信贷投入，支持住房建设与消费的通知》	鼓励商业银行发放住房开发与消费贷款
	1998.5	《个人住房贷款管理办法》	下发管理办法，切实防范信贷风险，大力发展个人住房贷款
	1999.4	《经济适用住房开发贷款管理暂行规定》	鼓励商业银行积极支持经济适用房建设开发
	1999.9	《关于调整个人住房贷款期限和利率的通知》《关于调整个人住房公积金存、贷款期限和利率等问题的通知》	合理调整确定住房贷款及住房公积金贷款期限、利率
	2000.5	《住房置业担保管理试行办法》	解决住房贷款担保问题
	2008.1	《经济适用住房开发贷款管理办法》	实施优惠利率，延长贷款期限，支持经济适用住房建设
	2008.12	《廉租住房建设贷款管理办法》	实施优惠利率，延长贷款期限，支持廉租住房建设
	2009.10	《关于印发利用住房公积金贷款支持保障性住房建设试点工作实施意见的通知》	保证贷款资金用于确定的保障性住房项目建设

[①]参见：2012年第三季度中国货币政策执行报告。

续表

类别	时间	名称	主要内容
	2010. 2	《关于做好城市和国有工矿棚户区改造金融服务工作的通知》	指导和督促金融机构规范贷款管理，改进金融服务，积极向符合贷款条件的棚户区改造项目提供贷款支持
	2010.6	《利用住房公积金支持保障性住房建设试点贷款管理办法》	保证贷款资金用于确定的保障性住房项目建设
	2011.8	《关于认真做好公共租赁住房等保障性安居工程金融服务工作的通知》	明确和重申公共租赁住房等保障性安居工程信贷支持政策，要求银行业金融机构在加强管理、防范风险的基础上，加大对保障性安居工程建设的信贷支持
质押贷款	1995.1	《个人定期储蓄存款存单小额抵押贷款办法》	允许银行接受定期储蓄存款存单为质物，发放小额质押贷款
	1999.7	《凭证式国债质押贷款办法》	允许发放凭证式国库券质押贷款
汽车贷款	1998.9	《汽车消费贷款管理办法》	允许工农中建四家银行进行试点
信用卡	1999.1	《银行卡业务管理办法》	大力推行信用卡
助学贷款	1999.6	《关于国家助学贷款管理规定》	大力推广国家助学贷款
	2000.2	《助学贷款管理若干意见》	确定助学贷款的主要政策意见和方向
	2000.8	《中国人民银行助学贷款管理办法》	下发全面的、具体的助学贷款管理办法
贷款风险管理	2001.8	《关于规范个人住房贷款管理有关问题的通知》	严禁实行零首付，切实防范住房贷款风险
	2001.10	《关于严禁发放无指定用途个人消费信贷的通知》[①]	严禁发放无指定用途个人消费贷款，切实加强消费信贷管理

第四，商业银行转变经营机制，优化信贷结构，为消费信贷发展提供了内在动力。1998 年，企业普遍经营困难，信贷风险上升，商业银行贷款更加谨慎，商业银行信贷投放面临十分严峻的复杂局面，一方面要增加贷款，扩大内需；另一方面要降低多年积累的不良贷款比例。发展消费信贷，成为商业银行为规避信贷风险，适时调整信贷结构，寻找新的利润增长点的自然选择。

---

① 说明：2001 年，一些银行发放"无指定用途个人消费贷款"之所以被禁止，是因涉嫌违规流入股市。

图 6.1：个人消费信贷（1998 年至 2010 年）（亿元）

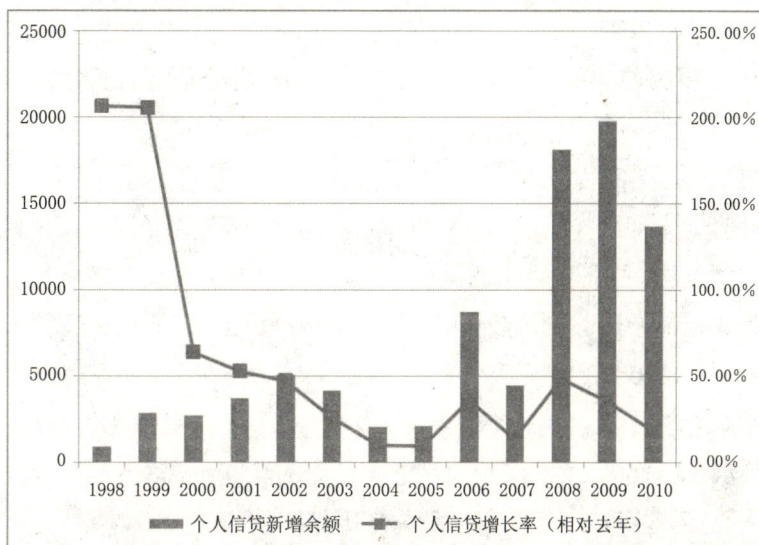

近年来，个人消费信贷发展迅速，刺激了消费需求，扩大了内需，提高了居民部门的当期消费水平。1998 年，全部金融机构消费信贷余额为 456 亿元，2011 年，全部金融机构消费信贷余额为 8.9 万亿元，在 14 年间增长了 193 倍，年均增长速度 50%（见表 6.2）。消费信贷品种主要是住房、汽车、助学、耐用消费品等。

表 6.2：个人消费信贷发展历程（亿元）

年份	住房贷款	房贷比例	汽车贷款	车贷比例	车房贷合计	车房贷比例	个人消费信贷余额
1998	426	93.42%	4	0.88%	430	94.30%	456
1999	1358	97.23%	–	–	1358	97.23%	1396
2000	3377	79.18%	188	4.41%	3565	83.58%	4265
2001	5598	80.08%	436	6.24%	6034	86.32%	6990
2002	8253	77.25%	945	8.85%	9198	86.09%	10684
2003	11780	74.86%	1839	11.69%	13619	86.55%	15736
2004	16002	80.49%	2000	10.06%	18002	90.55%	19881
2005	18400	83.85%	1600	7.29%	20000	91.14%	21945
2006	22500	93.52%	1009	4.19%	23509	97.71%	24060
2007	27642	84.40%	927	2.83%	28569	87.23%	32751
2008	29800	80.03%	1583	4.25%	31383	84.28%	37235
2009	47600	85.97%	1832	3.31%	49432	89.28%	55366
2010	61818	82.31%	2428	3.23%	61818	85.54%	75108
2011	71400	80.43%	2610	2.94%	71400	83.37%	88778

消费信贷增强了消费者的购买力，提高了人民群众生活质量。据推测，1元消费信贷，可以带动 1.5 元的商品消费①。以 1:1.5 的比例，2008 年、2009年、2010 年和 2011 年，通过发展消费信贷，消费者分别增加了约 5.6 万亿元、8.3 万亿元、11.3 万亿元和 13.3 万亿元的消费，实现了多层次消费需求，合理安排了即期与远期消费。

消费信贷扩大了内需，拉动了经济增长。消费信贷对经济增长具有双重作用，一方面通过增加最终消费品需求，扩大消费需求，拉动经济增长，另一方面通过促进产品销售，刺激投资，扩大投资乘数效应，带动经济增长。2009年、2010 年和 2011 年消费信贷分别增加了 1.8 万亿元、2 万亿元和 1.4 万亿元，占金融机构贷款增加额比例分别为 17.2%、23.6% 和 18.8%，有力地带动了住房、汽车、教育、耐用消费品等相关产业的发展（见表 6.3）。

表 6.3：2003 年至 2011 年消费信贷增加额与各项贷款增加额

年份	消费信贷增加额（亿元）	各项贷款增加额（亿元）	个人消费信贷比例
2003	5052	29970	16.86%
2004	4145	18800	22.05%
2005	2064	18270	11.30%
2006	2115	31440	6.73%
2007	8691	39470	22.02%
2008	4484	42300	10.60%
2009	18131	105550	17.18%
2010	19742	83630	23.61%
2011	13670	72660	18.81%

消费信贷改善了银行信贷资产结构，提高了信贷资产质量。截至 2011 年末，全部金融机构消费信贷余额为 8.9 万亿元，占全年各项贷款余额 58.2 万亿元的 15.3%，资产结构明显改善，而不良贷款率很低，还不到 1%。由表 6.4中可以看出，个人消费信贷的不良贷款率逐年下降，到 2011 年末不良贷款率仅为 0.5%，其中住房贷款的不良贷款率为 0.30%。

①参见：中国人民银行货币政策司，2002："中国消费信贷发展报告"，《金融时报》4 月 24 日。

表 6.4：个人消费信贷中的不良贷款率（%）

年份	个人消费信贷	汽车信贷	信用卡信贷	住房信贷	其他
2007	2.77	9.93	2.63	1.06	7.57
2008	1.29	5.45	2.39	0.91	1.78
2009	0.92	2.92	2.83	0.59	1.41
2010	0.58	1.80	1.55	0.37	1.01
2011	0.50	1.77	1.19	0.30	0.84

　　与国际比较看，我国消费信贷还具有较大的发展空间。目前，消费信贷占贷款的比重还不到15.3%，远远低于一些国家的消费信贷比重。照此比较，同时考虑到国家大力发展直接融资，企业资金需求部分依靠直接融资，对银行信贷形成竞争性供给，迫使信贷寻找新的投向，以及消费需求不足的宏观经济局面尚未得到有效改观等因素，消费信贷具有极大的发展空间。

第二节　消费信贷、消费需求与福利水平

凯恩斯提出绝对收入假说，认为边际消费倾向下降是一条难以避免的心理法则；弗里得曼提出持久收入假说，把个人可支配收入分为暂时性收入和持久性收入，认为持久性收入决定了即期消费水平；摩迪里安尼提出生命周期假说，把消费水平和预期未来收入联系起来；预防性储蓄理论认为，消费者在不确定情况下会采取较为谨慎的消费行为；拉姆齐认为，人们希望消费的边际效用的贴现在各期相等，基本假设是效用函数跨期可加。因此，关于消费信贷与福利水平的理论分析很多，本节仅设计一个简单的理论模型，旨在揭示增加消费信贷后，消费者的福利水平以及消费选择的变化情况。

按照凯恩斯—拉姆齐规则，把时间作为离散的，考虑消费者生存两期，t 期和 $t+1$ 期，消费者分别在 t 期和 $t+1$ 期配置消费和储蓄 $c1t$、st 和 $c2_{t+1}$，同时增加一个条件，改变预算约束，消费者可以通过在 t 期借贷 dt，超出其 t 期的收入预算约束，增加在 t 期的消费，相应地减少 $t+1$ 期的消费，dt 在 $t+1$ 期归还。

通过 dt，消费者在 t 期增加一定消费，则 t 期的效用会增加 $u'(c1t)dc1t$，可是在时刻 t 通过借贷增加消费，就会相应地减少在 $t+1$ 期的消费，则 $t+1$ 期的效用会减少 $u'(c2_{t+1})dc2_{t+1}$。在最优消费路径上，消费小的再配置必须保持福利水平不变，这样，在 t 时刻的效用增加就等于在 $t+1$ 时刻效用水平的贴现增加值。

假设效用函数符合 Diamond 模型假设，消费者在 t 期收入为 $\omega1t$，在 $t+1$ 期收入为 $\omega2_{t+1}$，则效用函数为 $u(c1t)+ u(c2_{t+1})/ (1+\theta)$，$\theta >0$，为时间贴现率，$u'(\cdot)>0$，$u''(\cdot)<0$（Blanchard，Fisher，1987）。考虑在 t 期借贷，最大化

问题为:

max $u(c1_t)+u(c2_{t+1})/$ （1+θ）

$c1t+st=\omega t+dt$

$c2_{t+1}=(1+r_{t+1})st-(1+R_{t+1})dt+\omega 2_{t+1}$

其中 r_{t+1} 为投资回报率，R_{t+1} 为借贷利率。按照上述模型，我们考虑消费信贷对消费者福利水平与跨期消费选择的影响。

首先，假设 $dt=0$，即消费者没有借贷消费。此时，上述最大化问题的一阶条件为：$u'(c1_t)/u'(c2_{t+1})=(1+r_{t+1})/$ （1+θ）。即消费者配置两期消费水平，取决于储蓄回报率与时间偏好率之比。储蓄回报率相对于时间偏好率越高，降低 t 期消费水平，以在 $t+1$ 期享受更高的消费则越合算。

其次，假设 $dt>0$，消费者为理性经济人，考虑消费者的投机性动机，即 st 与 r_{t+1} 有关，r_{t+1} 越高，st 越大。上述情况比较符合收入较高的消费群体。由于 st 为投机性动机，消费者会衡量投资回报率 r_{t+1} 与借贷利率 R_{t+1} 的大小。当 $r_{t+1}<R_{t+1}$ 时，则 $st=0$，消费者将全部储蓄用来消费，不足部分在 t 期申请借贷，在 $t+1$ 期归还。最大化的一阶条件为：$u'(c1_t)/u'(c2_{t+1})=(1+R_{t+1})/$ （1+θ）；当 $r_{t+1}>R_{t+1}$ 时，则 $st=\omega t$，消费者全部收入都将用于储蓄，消费全部来源于借贷。此时，最大化的一阶条件仍然为：$u'(c1_t)/u'(c2_{t+1})=(1+R_{t+1})/$ （1+θ）。即消费者借贷消费后配置两期消费水平及福利水平的变化，取决于投资回报率、借贷利率与时间偏好率三者的关系。如果投资回报率大于借贷利率，或借贷利率相对于时间偏好率越低，借贷消费，提高 t 期消费水平，以在 $t+1$ 期享受更高的消费，$c1_t\uparrow$，$c2_{t+1}\downarrow$，越合算。

在我国，目前由于这部分高收入消费群体的许多投资是用于有价证券的，在贷款利率相对较低的情况下，r_{t+1} 一般大于 R_{t+1}，这部分人通过消费信贷，其福利水平有可能获得增加，借贷消费更划算。

最后，假设 $dt>0$，消费者储蓄的动机是非投机性的，而是预防与交易，即 st 与 r_{t+1} 不相关，且不会为零。上述假设情况比较符合大多数一般中低收入的消费群体。中低收入消费群体由于资金有限，一般不会过多关注 st 的投资回报率。此时，消费者最大化的一阶条件为：

$u'(c1_t)/u'(c2_{t+1})=(1+r_{t+1})/$ （1+θ）　　　　①

$u'(c1_t)/u'(c2_{t+1})=(1+R_{t+1})/$ （1+θ）　　　　②

综合①、②，消费者福利不变的最优消费条件为投资回报率等于借贷利率。在我国，由于这部分中低收入消费群体投资渠道有限，大量资金主要是以银行储蓄的形式进行投资，由于存款利率低于借贷利率，即 r_{t+1} 一般小于 R_{t+1}。对这部分消费者而言，借贷消费，其福利水平会下降。但是，如果 R_{t+1} 下降，按照边际效用递减规律，则消费者更愿意借贷消费，增加 t 期消费水平，$c1_t \uparrow$，$c2_{t+1} \downarrow$。

可见，利率下调，可以有效刺激这部分中低收入消费群体的借贷需求，进而有助于扩大消费需求，拉动内需，刺激经济增长。

综上所述，我们可以得出以下结论：

第一，消费信贷改变了消费者的消费配置路径。通过消费信贷，消费者可以突破即期收入预算约束，以持久性收入为保障，在实现福利水平最优的基础上，合理安排最优消费路径，配置跨期消费水平。

第二，消费者借贷消费后配置两期消费水平及福利水平的变化，取决于投资回报率、借贷利率与时间偏好率三者的关系。

第三，普通消费者由于收入不同带来了投资回报率差异，消费信贷对中低收入者与高收入者的福利影响会有所不同。

第三节 消费信贷与租金配置

中央银行以消费信贷的方式在消费领域创造租金机会，通过租金的配置过程，实现资源优化配置，达到政策意图。这种租金创造并非针对所有的消费信贷，而是有选择性的，主要针对不同类型的消费类贷款。这种租金机会主要有三种形式，第一种形式是利差创造租金机制，实行比普通商业银行贷款利率要低得多的利率水平，如个人住房贷款；第二种形式是混合租金机制，包含有直接补贴的租金机制，如国家助学贷款；第三种形式是免息创造租金机制，实行宽限期内免息的方式，如信用卡。

一、利差创造租金机制

利差创造租金的方式，是中央银行规定某一类消费贷款的利率水平，这一利率水平是远低于普通商业银行贷款利率的。利差产生的租金从金融部门转移到了居民部门，全部租金完全由居民部门获得，政府并没有从中攫取任何租金。租金的分配方式是完全市场化的，金融部门在追逐租金机会的过程中，并入了私有信息，实现了资源的市场化配置。这种方式是中央银行在消费领域的主要信贷政策。个人住房贷款就是典型的利差创造租金方式。

1998 年以来，国家住房制度改革进一步深化，福利分房货币化，集团购买力下降，住房制度实行国家、单位和个人三者分担的方式，个人成为住房的需求主体。住房资金的需求特征是，金额大、期限长，无论是依靠自有资金，还是民间借贷或是高利贷都无法解决。这时，中央银行开始推行个人住房贷款，贷款对象是普通消费者，贷款用途是住房。

表6.5：1999年至2012年个人住房贷款利率和普通商业贷款利率比较[①]

日期	个人住房贷款利率		普通商业贷款利率				
	5年以下	5年以上	6个月以内	一年以内	1至3年	3至5年	5年以上
01/09/1999	4.14	4.59	5.58	5.85	5.94	6.03	6.21
01/02/2002	3.60	4.05	5.04	5.31	5.49	5.58	5.76
01/10/2004	3.78	4.23	5.22	5.58	5.76	5.85	6.12
01/05/2006	4.14	4.59	5.40	5.85	6.03	6.12	6.39
01/03/2007	4.32	4.77	5.67	6.39	6.57	6.75	7.11
01/05/2007	4.41	4.86	5.85	6.57	6.75	6.93	7.20
01/07/2007	4.50	4.95	6.03	6.84	7.02	7.20	7.38
01/08/2007	4.59	5.04	6.21	7.02	7.20	7.38	7.56
01/09/2007	4.77	5.22	6.48	7.29	7.47	7.65	7.83
01/09/2008	4.59	5.13	6.57	7.47	7.56	7.74	7.83
01/10/2008	4.05	4.59	6.21	7.20	7.29	7.56	7.74
01/11/2008	3.51	4.05	6.03	6.66	6.75	7.02	7.20
01/12/2008	3.33	3.87	5.04	5.58	5.67	5.94	6.12
01/10/2010	3.50	4.05	4.86	5.31	5.40	5.76	5.94
01/12/2010	3.75	4.30	5.10	5.56	5.60	5.96	6.14
01/02/2011	4.00	4.50	5.35	5.81	5.85	6.22	6.40
01/04/2011	4.20	4.70	5.60	6.06	6.10	6.45	6.60
01/07/2011	4.45	4.90	5.85	6.31	6.10	6.65	6.80
01/06/2012	4.20	4.70	6.10	6.56	6.65	6.90	7.05
01/07/2012	4.00	4.50	5.85	6.31	6.40	6.65	6.80

与普通商业贷款利率相比，个人住房贷款实行优惠利率。1998年规定，同期同档次的个人住房贷款利率实行减档执行，5年期执行3~5年期的利率，以此类推。1999年，又进一步简化利率档次，专门设置了个人住房贷款利率，实行5年以下与5年以上两种利率水平。自1999年9月之后，个人住房贷款利率经历多次变化，特别是2007年、2008年和2011年，个人住房贷款利率变化尤其剧烈，也是国家对个人住房政策进行宏观调控的手段之一。但是，不论个人住房贷款利率如何变化，其都比同期普通商业贷款利率低1.5到3个百分点。其详细变化情况如表6.5所示。

同一时期，个人住房贷款有了长足的发展，新增个人住房贷款额度逐年递增，截至2011年末，个人住房贷款余额为7.1万亿元。由于统计口径的变化，新增个人住房贷款余额后期并没有区分短期和长期。因此本文用类比法将新增

---

①说明：本数据来自人民银行。

个人住房贷款总额按照短期个人消费信贷和长期个人消费信贷的比例分配给新增短期个人住房贷款和新增长期个人住房贷款。经过计算，估计的新增个人住房短期贷款和长期贷款如表6.6所示。

表6.6：2001年至2011年新增个人住房短期贷款和长期贷款估计[①]

单位：亿万元

年份	短期消费信贷	长期消费信贷	消费信贷总额	新增短期房贷	新增长期房贷	新增房贷余额
2004	1254	18628	19881	222	3306	3528
2005	1275	20670	21945	237	3836	4073
2006	1935	22124	24060	197	2247	2444
2007	3118	29633	32751	137	1302	1439
2008	4154	33081	37235	797	6350	7147
2009	6402	48964	55366	1619	12381	14000
2010	9601	65507	75108	2278	15540	17818
2011	13607	75170	88778	1476	8151	9627

租金指的是由于住房贷款利率与普通商业贷款利率之间的利差所产生的经济租金。个人住房贷款创造租金的计算公式为：

总租金＝租金 I ＋租金 II

租金 I ＝短期个人住房贷款新增额 SC×利差 I（1年以内的普通商业贷款利率 X1－5年以内的个人住房贷款利率 Y1）

租金 II ＝中长期个人住房贷款新增额 LC×利差 II（5年以上的普通商业贷款利率 X2－5年以上的个人住房贷款利率 Y2）

通过计算，我们可以得出以下结论：

第一，住房贷款的利率和利差基本稳定。从2004年到2011年，短期房贷利率在3.33至4.77之间浮动，长期房贷利率在3.87到4.59之间浮动，总体表现比较稳定。从2004年到2011年，普通贷款短期利差在1.71至2.87之间浮动，长期利差在1.71到2.91之间浮动，总体上来说比较稳定（2007年除外）。2007年和2008年利差过大的原因是商业贷款利率高导致的，而住房贷款的利率依然保持较低水准。2009年和2010年是住房贷款快速发展的两年，由于没有下调利率，利差基本维持在一个水平上，5年以上的利差是2.25个百分点，

[①]说明：有关数据来源于中国经济数据库。

形成了一个比较稳定的消费者预期（见表6.7）。

表6.7：2004年至2012年各种利率对比以及个人住房贷款所产生的租金表[1]

		2004	2005	2006	2007	2008	2009	2010	2011
新增短期房贷（SC）（亿元）		222	237	197	137	797	1619	2278	1476
新增长期房贷（LC）（亿元）		3306	3836	2247	1302	6350	12381	15540	8151
个人住房贷款利率	5年以下（Y1）	3.60	3.78	4.14	3.79	4.77	3.33	3.33	4.10
	5年以上（Y2）	4.05	4.23	4.59	4.33	5.22	3.87	3.87	4.60
普通商业贷款利率	短期（X1）	5.31	5.58	5.85	6.66	7.29	5.58	5.58	5.94
	长期（X2）	5.76	6.12	6.39	7.25	7.83	6.12	6.12	6.49
利差I（%）（X1-Y1）		1.71	1.80	1.71	2.87	2.52	2.25	2.25	1.84
利差II（%）（X2-Y2）		1.71	1.89	1.80	2.91	2.61	2.25	2.25	1.89
利差III（%）（1.3X2-Y2）		3.44	3.73	3.72	5.09	4.96	4.09	4.09	3.83
租金I（亿元）		3.80	4.26	3.36	3.93	20.09	36.42	51.24	27.08
租金II（亿元）		56.53	72.51	40.45	37.93	165.73	278.58	349.66	153.65
租金III（亿元）		113.65	142.94	83.53	66.23	314.88	505.89	634.98	312.24
总租金（亿元）		60.33	76.77	43.81	41.87	185.82	315.00	400.90	180.73

第二，住房贷款产生的租金取决于当年新增住房贷款余额和当年利差，其在总体上呈上升趋势。2004年产生的租金是60.33亿元，2005年增至76.77亿元，但其后两年（包括2006年和2007年）由于新增房贷余额的影响急剧下降，然后随着国家宏观调控调低个人住房贷款利率，2008年至2010年租金骤增。尤其是2009年和2010年，当年新增住房贷款分别达到了1.4万亿和1.78万亿。

第三，利差创造租金机制的结果是三方获益。政府达到了政策意图，银行获得了稳定的贷款收益，消费者获得了租金。2004年以来，消费者累

[1]利息计算方法如下：如果某一个利率在当年执行时间超过6个月，则被当作当年的利率使用；如果当年的利息变动不超过2次，选择实施时间较长的那个主导利率；如果利息变动超过2次且没有哪个利率执行时间超过6个月，则选择其算术平均数作为其当年利息。由此可以得出，2008年的利息是4.77%和5.22%，这个利率标准执行超过6个月；2007年的利率为当年所有利率的平均值，经过计算可以得出3.79%和4.33%。

计获得租金1305亿元。金融部门之所以愿意出让租金并积极参与租金追逐，是因为住房贷款的收息率高且比较稳定，风险较小。相比较而言，其它信贷资产由于国有企业经营困难、中小企业发展不规范，贷款风险较大。住房贷款还贷概率高，贷款风险小，投资回报率高，无疑是商业银行的优质资产。

第四，这里所研究的利差以及所创造的租金，仅仅是基准利率的利差，并没有考虑利率浮动问题。由于个人贷款成本高，无法实现规模经济，贷款利率一般是上浮的。按照中央银行规定的上浮幅度30%计算，利差还要大，8年所产生的租金累计高达2174亿元。

二、混合租金机制

"混合租金机制"即不仅实行利差创造租金机制，还同时实行国家贴息。在租金机制的基础上，由国家对某一类消费贷款进行全额或差额补贴利息。所补贴的利息按照一般商业贷款利率等价确定。利息补贴实际上是政府直接补贴，但是利差又创造了一定租金，两者结合，共同作用。利息补贴并没有产生租金。在金融部门与居民部门之间没有租金产生，也没有租金转移。全部利益都是由政府部门直接转移到了金融部门。但是利差产生了租金，租金从金融部门转移到了居民部门。这一过程中，居民部门获得了全部租金，金融部门获得了贴息资金，政府减少了财政支出，却实现了支持教育的目的，并通过分别征税以税收的方式获得了部分利益。1999年以来实行的国家助学贷款，就是这样一种分配机制。

1999年，为实施国家科教兴国战略，高校扩大招生规模，到2000年末，各类高校在校学生达到470万人，比1998年翻了一番，尽管我国已经开始逐步推行高等教育部分收费制度，以缓解高校经费紧张局面，但是招生规模的扩大，进一步加剧了教育经费紧张矛盾，解决的办法是建立国家、个人共同分担教育经费制度，由此又导致大量的贫困学生无力就学，读不起书。针对上述问题，中央银行及时推出了助学贷款政策。

助学贷款分为国家助学贷款和一般商业助学贷款两大类。国家助学贷款是指国有独资商业银行对全日制高校中经济困难的学生发放的、财政予以贴息的贷款。一般助学贷款是金融机构根据自身业务特点，对高校学生、学生家长发放的一般商业性贷款。前者即为"混合租金机制"。由国家财政补贴50%的利息，学生只需要承担50%的利息负担。同时中央银行还规定国家助学贷款利率不得上浮，这其实就是一种"混合租金机制"，即不仅有直接补贴还兼有租金机制。利率不上浮，就意味着创造了租金。租金由金融部门转移到了学生手里，政府没有从中攫取租金。

表6.8：1999年至2002年各种利率对比以及国家助学贷款所产生的租金表[①]

	1999 年	2000 年	2001 年	2002 年
普通商业贷款利率（上浮30%）（%）（1年以内）X1	8.307	7.605	7.605	6.903
（5年以上）X2	9.828	8.073	8.073	7.488
国家助学贷款利率（%）（1年以下）Y1	6.39	5.85	5.85	5.31
（5年以上）Y2	7.56	6.21	6.21	5.76
利差A（X1－Y1）（%）	1.917	1.755	1.755	1.593
利差B（X2－Y2）（%）	2.268	1.863	1.863	1.728
国家助学贷款新增额（短期，亿元）SC	0	0	0.13	0.27
国家助学贷款新增额（中长期，亿元）LC	0.15	4.05	8.97	17.66
租金Ⅰ（SC×A）（亿元）	0	0	23	43
租金Ⅱ（LC×B）（万元）	34	755	1671	3052
补贴Ⅰ［SC×（Y1×50%）］（万元）	0	0	38	27
补贴Ⅱ［LC×（Y2×50%）］（万元）	57	1258	2785	5086
总补贴（补贴Ⅰ＋补贴Ⅱ）（万元）	57	1258	2823	5113
总租金（租金Ⅰ＋租金Ⅱ）（万元）	34	755	1694	3095

表6.8中补贴指的是政府对利息50%的补贴，租金指的是"不得上浮"规定带来的租金。补贴与租金的计算公式分别为：

总租金＝租金Ⅰ＋租金Ⅱ；总补贴＝补贴Ⅰ＋补贴Ⅱ

租金Ⅰ＝短期国家助学贷款新增额×（1年以内普通商业贷款利率上浮30%－1年以内的国家助学贷款利率）

[①]说明：(1)由于1999年6月开始下发助学贷款办法，所以1999年的统计数字，统计的是1999年6月前的贷款余额，视同为1999年当年的新增额，贷款利率为1998年12月降息后的利率水平，不是1999年6月10日的利率水平。助学贷款规定的贷款年限为4~8年，绝大部分贷款在5年以上，所以我们把利率水平划分为两档，实际上主要是5年以上的利率在起作用，因为贷款主要是5年以上。短期贷款沿用的数字是中国人民银行统计司的统计结果，长期贷款统计来自中国人民银行货币政策司，统计司的数字从2002年才开始有，所以1999年与2000年的短期贷款数，我们假设为零。这种假设对实际结果几乎没有影响。(2)有关数字来自中国人民银行各年利率公告、中国人民银行货币政策司、中国人民银行统计司的"个人消费贷款统计表"等报告或报表。

租金Ⅱ＝中长期国家助学贷款新增额×（5年以上普通商业贷款利率上浮30%－5年以上的国家助学贷款利率）

补贴Ⅰ＝短期国家助学贷款新增额×（1年以内的国家助学贷款利率×50%）

补贴Ⅱ＝中长期国家助学贷款新增额×（5年以上的国家助学贷款利率×50%）。

1999年至2002年，金融部门累计发放了国家助学贷款33.7亿元，共计扶持了56.7万名学生就学读书，贷款满足率（贷款总额/申请金额）为52%。80%的国家助学贷款贷给了在校学生，这与国家助学贷款开办时间不长有关。从上表中，我们可以看出：

第一，4年财政总共提供补贴资金9251万元，却带动了近34亿元的助学贷款，扶持了近57万名学生就学。这些补贴资金是由财政部门转移到了金融部门，学生减少了相应数量的成本支出，间接获得了福利。财政补贴直接转移资金与学生以利息的方式转移资金到金融部门的不同之处在于，前者是无风险的，这种转移机制提高了金融部门的投资回报率，相应地调动了金融部门的积极性。

第二，4年总共创造租金5578万元，意味着金融部门转移出相应数量的租金给了居民部门。金融部门之所以愿意出让租金，政府强制是次要的，重要的是有财政补贴。可以想象，如果仅仅靠强制推行利差创造租金，没有财政补贴提供的稳定收益，金融部门是没有多少动力的。

第三，最终的利益分配是，政府用9251万元的有限的财政资金引导了33.7亿元的贷款投入，杠杆比例是1:36，作用很大，效果显著；银行获得了补贴资金9251万元，加上相应数量的利息收入[①]，总共获得了1.8亿元的收益；居民部门有56.7万名学生分享了33.7亿元的助学贷款，获得租金收益5587万元，补贴9251万元，体现在成本支出上，减少了1.5亿元的利息支出。

第四，潜在风险不容忽视。财政补贴与贷款风险不相关，即便是采取了财政补贴方式，并没有改变借款人的风险程度，并不意味着风险就此降低。银行并非只承担着50%的贷款风险，而是承担着100%的本金风险和50%的利息

[①]假设没有不良贷款，利息收入应该等于国家补贴。由于贷款期限较长，绝大部分贷款没有到期，风险还没有显现。但是根据一些调查显示，国家助学贷款风险很大。如果属实，金融部门的收益将减少，有可能影响到贷款支持。

风险①。

2003 年下半年，国家助学贷款出现了下滑现象，面临停顿的危险。教育部、财政部、中国人民银行、银监会四部门对国家助学贷款政策和机制进行了重大改革，建立了以风险补偿机制为核心的新政策、新机制。2004 年 6 月 28 日，新机制颁布实施后，实行贷款学生在校期间贷款利息全部由财政补贴、还款年限延长至毕业后 6 年，而离校之后的利息按照人民银行的贷款基准利率执行，不上浮。因此，其租金产生的来源有两个方面：免息租金和上浮利率差所造成的租金。由于新政策中贷款学生在校期间贷款利息全部由财政补贴，这部分利息就从国家财政流入到商业银行中，形成了租金。

表 6.9：2008 年至 2011 年国家助学贷款②

单位：亿元

	2008	2009	2010	2011
国家助学贷款	65.92	93.57	113.57	132.80
国家助学贷款新增额	65.92	27.65	20.00	19.23
普通商业贷款利息（5 年以上）	7.83	6.12	6.12	6.49
普通商业贷款利息（上浮 30%）	10.18	7.96	7.96	8.43
免息租金	5.16	1.69	1.22	1.25
利息上浮租金	1.55	0.51	0.37	0.37
总租金	6.71	2.20	1.59	1.62

2008 年、2009 年、2010 年和 2011 年的国家助学贷款发放额度分别为 65.92 亿元、93.57 亿元、113.57 亿元和 132.8 亿元，其免息租金分别为 5.17 亿、1.69 亿元、1.22 亿元和 1.25 亿元。而由于利息上浮引起的租金则分别为 1.55 亿元、0.51 亿元、0.37 亿元和 0.37 亿元。在此四年间，总租金为 12.12 亿元。

三、免息创造租金机制

第三种方式是免息创造租金机制，是中央银行规定商业银行可以对某一类消费贷款在一定宽限期内实行免息。比如信用卡，在规定的期限内，两个月或

---

① 根据国务院法制办的一项调查显示，按照现行规定，学生在毕业 4 年内要全部还清贷款。那就意味着学制 4 年，每年借款 6000 元，贷款总额为 24000 元，按照 2001 年大学毕业生的平均工资收入，北京、上海、广州为 19000～23000 元，四川、云南约为 10000～11000 元，河南、内蒙古约为 8000 元。这样一算，学生毕业至少要 6～8 年才能还清贷款。按照目前规定学生毕业 4 年内要还清贷款，十分困难。

② 说明：(1)所有的国家助学贷款都按照长期贷款来处理，因为贷款学生在校期间免息（4 年），因此都按照长期贷款利率来进行计算；(2)新政策自 2007 年开始执行，因此 2007 年的助学贷款总额没有计算在内。

一个月内，商业银行可以不收透支利息，实行零利率。免息所创造的租金，是从金融部门转移到了居民部门，租金完全由居民部门获得，政府没有从中攫取任何租金。租金的分配方式是完全市场化的。

免息创造租金的方式与利差创造租金的方式不同之处在于，租金创造发起于金融部门，而不是政府部门，不是政府部门的强制性约束，是金融部门的"利益互换"，即以此较低的租金成本换取更大的收益。

长期看来，免息创造租金机制应该在消费信贷政策中发挥更为重要的作用。与国际比较看，国外商业银行信用卡业务的比重仅次于住房信贷，除住房外，大多数消费信贷业务，均通过信用卡发放和支付结算。信用卡业务，鼓励消费者先消费，后还款，既简化手续，又便于监管。

第四节　简短结论

本章可分析得出的结论主要有以下四项：

（一）中国市场经济发育时间不长，消费者习惯于"量入为出"，消费信贷理念尚未得到转变。可以预见，假以时日，如此庞大的消费需求潜力，必将引发消费信贷的爆发式增长。

（二）消费信贷原本是一种商业行为，没必要掺杂政府色彩，但在中国却包含了租金。其缘由在于政府试图通过这一租金机制，对住房、助学等关键领域和薄弱环节进行扶持。

（三）随着银行商业化、利率市场化逐步加快，政府继续实行这一补贴机制的成本会越来越高。政府将不得不在财政补贴与金融控制之间做出选择，最终应逐步还原财政和金融的本来面目。

（四）发放信用卡是完全市场化的机制，是作为上述两种租金机制的比较而加以论述。

第七章

居民部门 II：小额信贷

本章研究居民部门的第Ⅱ类金融控制，即投资性信贷政策。投资性信贷政策与消费性信贷政策不同之处在于，后者针对消费，前者针对投资，试图实现居民部门的"自主就业"。选择性控制的对象是贫困人口。

1998 年以前，居民部门的投资需求受到抑制，有三个方面的原因：一是由于短缺经济，信贷资金主要用于满足生产部门的投资需求，用于生产商品，弥补短缺缺口；二是国有经济是国民经济的核心部分，居民的个体经济发展受到抑制，居民安于土地或国有经济部门；三是生产部门虚假的"充分就业"掩盖了隐蔽性失业，失业问题从来没有成为全社会的焦点，居民部门的自我就业也从来没有成为社会的热点。

1998 年以后，市场经济由卖方市场进入买方市场，生产部门结构性过剩。居民部门面临着两个突出问题，一个问题是隐性失业显性化，特别是农民离开土地，依靠生产部门扩大就业能力吸纳就业已经不足以解决就业问题，另一个突出问题是贫富差距拉大。不仅城乡差距拉大，而且城镇下岗职工的收入也在逐步拉大。就业问题与收入差距已经成为影响安定团结与社会稳定的大事。依靠生产部门雇佣劳动、增加收入、缩小差距，已经不足以解决一部分人的收入差距问题。这两个问题是投资性信贷政策——小额信贷迅速发展的重要原因。

第一节　收入差距、就业问题与自我雇佣

　　城乡差距扩大、收入分配不均的问题已经变得越来越严峻。为了救助贫困人口，维持 GDP 最大限度的增长是必要的，但决不是充分条件。即使贫困人口可以完全分享增长的好处，仅仅依赖增长来达到最低保障水平，花费的时间也将是漫长的[①]。更有可能的是，由于贫困人口难以创造经济剩余，积累甚微，他们的收入会普遍落后于平均增长水平，结果是收入差距进一步拉大。

　　这时就需要一些再分配形式使福利效果得以改善。对贫困人口的人力与实物投资倾斜可以改进福利效果，但是，人力资本的投资获得的收益需要较长的时间，在短时间内要求牺牲一些产值为代价。这些投资对高收入阶层是一种短期成本，尽管长期看来，因为贫困人口的生产率与收入的提高，高收入阶层也能从中获益，但由于这种战略是以改变全部实际资本增加额的分配方式，把富人每年投资资源的一部分转移给穷人，牺牲了部分当期产值，这对高收入阶层的积极性、储蓄和投资是不利的，可能受到高收入阶层的抵制。钱拉里等主张资产再分配，提出"在诸如土地所有权和保障土地使用权方面，某种程度的资产再分配也许是使农村的穷人更具有生产性的任何方案的基本部分"[②]，但前提是，土地是可变现的，哪怕部分权利是可交易的。

　　与收入差距息息相关的是就业问题。长期的、大量的失业（或隐蔽性失业）不仅在农村，而且在城镇广泛存在。这是贫困与收入差距的根源。"严重的劳动力利用不足和随后的贫困是随着劳动力迅速增加和经济与技术变革的综

---

① 参见：苏·贾塔克，1989：《发展经济学》，商务印书馆，第 297—298 页。
② 参见：钱纳里等，1974：《工业化和经济增长的比较研究》，上海三联书店，第 49 页。

合效应在一个不平等的经济、社会和政治体制中发展而造成的。劳动力中很大并正在增大的一部分不过是多余的，或正在变得多余。"[1]失业问题并不象我们所看到的那样简单。"经验证据表明，发展中国家的失业者通常是年轻人，而且比就业者受过更多的教育，也更有生气。这并不奇怪，因为失业者也是要花钱的，而且在没有失业保险的情况下，为寻找更好的工作而失业便成为一种只有较富裕的人才能享受得起的奢侈品。穷人不会为了寻找收入和地位更高的工作而失业，他们常常是自由职业性质的小商贩、家庭佣人、小农场主和农业劳动者。不能把他们看成是失业者，因为他们中的大多数人为了很低的报酬而工作很长的时间。于是就业问题便被归结为穷人的问题。"[2]

解决的办法是工、农结合，有两个办法。一种办法是发展企业，通过支持企业，扩大企业吸纳就业的能力。这类似于我们支持的农业产业化重点龙头企业，以"公司＋农户"的模式，解决就业问题。第二个办法是自我雇佣。就是为农民家庭提供利用土地的机会，避免资本的垄断性积累，实现自我致富；为城镇人口提供可资利用的资源，实现自谋职业。由于多种原因，小农业、小商业可以变得更有效率，新的作物、新的交易，都会使小农业、小商业获得发展，贫困阶层增进福利。在一个市场经济并不发达的市场环境下，"小农部门或许比资本主义部门的就业扩大的更快"。而且，随着收入水平的提高，小农部门将要求更有效地利用生产和服务，将加入资本主义部门行列，扩大资本主义部门的就业，促进经济增长。"增长可以来自于自我雇佣部门"，"增长可以由于小农部门的扩大"[3]。

对城镇而言，第一种办法并不能解决就业问题，相反，还加重了困难[4]。因为表面看来，农村与城镇是两个分割的市场，但在就业问题上市场是打通的，因为农民可以进城。城镇提供的工作越多，进城的人越多，这似乎是一种竞赛，因为在低收入经济部门存在具有大量劳动力的"蓄水池"。农民涌入城市，主要有三个原因：第一，城乡差距拉大；第二，农村教育加速发展，青年

---

①参见：冈纳·缪达尔，1991：《世界贫困的挑战——世界反贫困大纲》，北京经济学院出版社，第 348 页。

②参见：狄帕克·拉尔，1992：《发展经济学的贫困》，云南人民出版社，第101—102 页。

③参见：W·阿瑟·刘易斯，1998：《二元经济论》，北京经济学院出版社，第55—56 页。

④参见：W·阿瑟·刘易斯，1988：《二元经济论》，北京经济学院出版社，第77 页。

人进城势头更加迅猛；第三，发展与福利不成比例地集中于城市，城市更具有吸引力。

由此可以得出的结论是，第二种办法，也就是自我雇佣，可能是更好的选择。农民可以利用土地机会，市民可以利用城镇资源，实现自主就业。

但是，银行业在为自我雇佣部门的贷款服务上是很不成功的[1]。谁来照顾穷人的金融需求？在银行业大约 500 年的历史上，世界上只有 22%的人拥有银行账户。相比之下，有 65%的人在 25 年内拥有了手机。全球许多国家通过满足穷人的需求，促使消费和经济得以增长。印度的 NANO 汽车只要 2000 美元一辆。在一些发展中国家 10 美元可以买一部手机。但是，却没有人在扩展银行功能上动动脑筋。如果我们能够找到一种为穷人提供金融服务的方式，相信这种方式同样能够为推动经济增长发挥巨大作用[2]。

---

[1]参见：罗纳德·I·麦金农，1988：《经济发展中的货币与资本》，上海三联书店，第 119—120 页。
[2]参见：庞约翰在银监会国际咨询委员会会议上的发言，2012。

第二节　国际经验与发展历程

直到 20 世纪 70 年代小额信贷出现，才开始逐渐打破了自我雇佣部门的
"内源融资"。最初的小额信贷是满足一部分贫困人口合理资金需求的一种融资
方式。因此，自创立以来，受到了发展中国家的热烈欢迎，很快推广到亚洲、
非洲和拉丁美洲的许多发展中国家。

关于小额信贷（MF 或 MC）的概念问题，争论不一。一种观点认为应该
是 "微型金融"，即小金额的贷款，不考虑贷款对象是小企业还是自然人，如
世界银行的一些专家；一种观点认为应该是 "扶贫贷款"，贷款对象仅限于贫
困人口的小金额贷款[1]；还有一种观点认为应该是贷款对象为自然人的小金额
贷款，不限于 "扶贫" 的范围。此外，对 "小金额" 的多少如何判定还有不同
意见[2]。

国际主流观点认为，小额信贷从目标差异上看主要可以分为制度主义小额
信贷和福利主义小额信贷两种类型。前者以玻利维亚阳光银行（BANCOSOL）
印度尼西亚人民银行村行系统（BRI–UD）为代表，强调的是小额信贷管理和
目标设计中的机构可持续性；后者以孟加拉乡村银行（GB）为代表，更加注
意项目对改善穷人的经济和社会地位的作用。

发展中国家的信贷市场具有二元性特征。在城镇地区，人们可以采取较繁
杂的手段从金融机构借入资金，而在农村，"高利贷" 这种信贷关系依然盛
行。实际上，农村地区在相当程度上被遗弃在金融市场之外，资本在两个部门

---

[1] 参见：杜晓山，2009："我国小额信贷发展报告"，《农村金融研究》2009 年 02 期。
[2] 参见：汤敏，2002："利用小额贷款机制解决三农核心问题"，《中国信息报》6 月 25 日。

之间的流动相当有限。正是由于这种金融二元性的存在，使得降息、公开市场业务等货币政策的施展空间受到极大的限制。

20 世纪 80 年代之前，学术界主要流行"农业信贷补贴论"。他们认为解决三农问题必须建立非盈利的、政策性的机构对农村进行无偿的注资。在此理论的指导下，很多国家引入补贴性信贷，使农民获得低于市场利率的贷款。但是，国内外大量研究表明，该模式并不成功，由于贷款的可替代性，许多贷款被用来从事其他活动。麦金农和爱德华·肖在 1973 年提出了金融深化和金融抑制理论，他们认为必须放松管制，让市场机制形成均衡利率，从而提供合理的投资率和储蓄率，促进经济的发展；发展商业性小额信贷就必须减少政府干预，逐步放开利率管制。

在我国，很长时间以来，农民收入增长放缓、城乡收入差距拉大以及城镇下岗失业问题已经成为政府以及全社会最为关注的热点问题。贫困问题的重点是，如何有效地提高将近 1.8 亿人，占农村人口 20% 左右的低收入农户的收入，以及解决大量的下岗、半下岗职工的再就业问题。农村经济的发展离不开金融的支持，但由于农业的弱质性、抵押品缺乏以及信息不对称等原因造成农村地区正规金融机构的信贷配给严重不足，农村金融发展滞后。尤为重要的是，部分正规金融机构在农村地区扮演着抽血机的角色，它们非但不向农村供给更多资金，还将农村地区的存款输往城市，使得农村经济发展对金融发展的贡献率大于农村金融发展对经济的贡献率[1]。二元经济结构是我国城乡经济发展过程中的典型特征，农村经济发展滞后，城乡经济两级分化凸显，且有逐步扩大的趋势。小额信贷在农村与城镇的两个相对分割的市场上，前者尤为重要。

我国小额信贷的发展路径是，先农村后城镇，先农户后下岗职工。贷款覆盖的范围先是针对农户，然后发展到下岗职工。这一发展路径是响应国家号召，符合经济金融形势发展需要的。

杜晓山把中国的小额信贷发展分为四个阶段[2]，对每个阶段的政策法规的演变做了归纳，并进一步总结了这些政策法规的发展特点。

---

[1] 参见：谭燕芝，2009："农村金融发展与农民收入增长之关系的实证分析：1978—2007"，《上海经济研究》第 4 期。

[2] 参见：杜晓山，2009："我国小额信贷发展报告"，《农村金融研究》2009 年 02 期。

第一阶段，小额信贷试验阶段（1993年至1996年）。在这一阶段，小额信贷试点是由社会团体或非政府组织主要利用国外和自筹资金进行小范围试验。这一阶段的明显特征是，在资金来源方面，主要依靠国际捐助和软贷款，基本上没有政府资金的介入。重点探索的是孟加拉"乡村银行"（Grameen Bank）式小额信贷项目在中国的可行性，以半官方或民间机构进行运作。

在这一阶段，我国的小额信贷项目或组织是公益性的、自发的、零散的试验和实践，基本上没有相关的政府政策和法律依据针对小额信贷，仅有国家整体的扶贫政策和扶贫任务以及某些项目与国际捐助机构签订的扶贫项目协议作为参考。

第二阶段，小额信贷发展阶段（1996年至2000年）。这一阶段主要是政府和银行（农发行、农行），以国内扶贫资金为主，开始在贫困地区推广。这一阶段的明显特征是，政府从资金、人力和组织方面积极推动，并借助小额信贷这一金融工具来实现"八七扶贫攻坚计划"的目标。与此同时，一些社会组织在实施项目时也更注意与国际规范的接轨。

在这一阶段，国家主要从扶贫有效手段的角度看待小额信贷。扶贫政策从90年代中前期明确要求扶贫资金到户，到90年代中后期认可小额信贷是扶贫到户和缓贫脱贫的有效手段，要求予以推广。

这一阶段小额信贷相关的政策法规主要有：1996年9月，中共中央和国务院召开中央扶贫工作会议，强调加大扶贫资金的投入和执行资金的到村到户制度。1998年2月，国务院扶贫办召开全国扶贫到户工作座谈会。会议指出，凡是没有进行小额信贷试点的省区，要积极进行试点工作；已进行试点的，要逐步推广；试点并取得成功的，可以稳步在较大范围内推广。1998年10月《中共中央关于农业和农村工作若干重大问题的决定》指出，解决农村贫困人口的温饱问题，是一项紧迫而艰巨的任务，提出要"总结推广小额信贷等扶贫资金到户的有效做法"。这是在中共中央文件中首次肯定小额信贷是扶贫资金到户的有效做法。1999年中央扶贫开发工作大会再次强调小额信贷的扶贫作用，中发1999年10号文件进一步提出，小额信贷是一种有效的扶贫到户形式，要在总结经验、规范运作的基础上，积极稳妥地推行。

第三阶段，制度化建设阶段（2000年至2005年）。作为正规金融机构的农村信用社，在中央银行的推动下，全面试行并推广小额信贷活动。从 2000 年起，农村信用社开始试点农户小额信用贷款和农户联保贷款。2002 年，针对下岗失业低收入群体的城市小额信贷试验也开始起步。根据估计，如果措施得当，推广有效，在国家投入不大的情况下，可以使低收入农户人均纯收入每年增加 8% 以上。这一阶段的明显特征是农信社作为农村正规金融机构逐步介入和快速扩展小额信贷试验，并以主力军的身份出现在小额信贷舞台。

在这一阶段，中央政府和中央银行对小额信贷表现出比以往更大的关注，出台了推动城乡正规金融机构开展小额信贷项目的政策法规，并进一步研究相关政策法规制定方面的问题。

这一阶段小额信贷相关的政策法规主要有：中央政府在中国农村十年扶贫开发纲要（2001 年至 2010 年）中继续重申："积极稳妥地推广扶贫到户的小额信贷，支持贫困农户发展生产。" 1999 年 7 月，人民银行发布了《农村信用社农户小额信用贷款管理暂行办法》。2000 年 1 月，人民银行的《农村信用合作社农户联保贷款管理指导意见》借鉴了非政府组织和准政府组织小额信贷的制度设计，如小组联保、强制储蓄、小组基金、分期还款和连续贷款等。2001 年 12 月，人民银行发布了《农村信用合作社小额信用贷款管理指导意见》，要求农信社大力推广农户小额信用贷款。2002 年 4 月，人民银行下发《关于进一步做好农户小额信用贷款发放和改进支农服务工作的通知》，再次强调农信社开展农户小额贷款工作，并要求加强对农信社小额信贷的支持。2004 年一号文件要求农村信用社利用小额贷款支持农业生产，"继续扩大农户小额信用贷款和农户联保贷款"。

第四阶段，商业性小额信贷机构发展阶段（2005 年至今）。2005 年，中央银行在欠发达中西部地区 5 省，推动开展了 7 个只贷不存的民营小额贷款公司的试点。2006 年末，银监会出台了放宽金融机构准入门槛的"新政"，包括在欠发达中西部地区 6 省试行村镇银行、贷款公司和农村资金互助社，并于 2008 年起将此试验推广到全国 31 个省（市、区）。特别是地方政府负责设立、管理的小额信贷机构迅速发展，人民银行和银监会仅提供政策指导。这类机构构成为小额信贷机构的主体。此外，邮政储蓄银行被批准成立，并首先试行小额信贷业务。这一阶段的明显特征是，有关管理部门试图从法规上承认和鼓励民营和外资资金进入欠发达地区，同时要求新成立的邮储银行从小额信贷入手，重点开展农村金融服务，试图以增量资金弥补农村地区金融供给不足和竞争不充分的问题。

在此阶段，中央有关管理部门明显加快了出台小额信贷政策法规的进度。不过，有关政策法规仍有待完善，而且，对社会组织开展的公益性制度主义小额信贷，至今还没有明确定位及政策法规。小额信贷相关的政策法规主要有：2005 年，中央一号文件第一次明确提出，培育竞争性的农村金融市场，有关部门要抓紧制定农村兴办多种所有制金融机构的准入条件和监管办法，在有效防范金融风险的前提下，尽快启动试点工作。有条件的地方，可以探索建立更加贴近农民和农村需要、由自然人或企业发起的小额信贷组织。2006 年，一号文件要求"大力培育由自然人、企业法人或社团法人发起的小额贷款组织，有关部门要抓紧制定管理办法"。第一次明确地将社会组织开展的以社团法人为形式的小额信贷机构纳入政策支持范围。2007 年，一号文件要求"加快制定农村金融整体改革方案，努力形成商业金融、合作金融、政策性金融和小额贷款组织互为补充、功能齐备的农村金融体系"。第一次明确地将小额信贷纳入到农村金融体系当中。2007 年初召开的全国第三次金融工作会议也明确提出，完善农村金融体系，鼓励和支持发展适合农村需求特点的多种所有制金融组织，积极培育多种形式的小额信贷组织。2008 年，一号文件进一步要求"积极培育小额信贷组织，鼓励发展信用贷款和联保贷款"。2008 年，十七届三中全会《中共中央关于推进农村改革发展若干重大问题的决定》提出："加强监管，大力发展小额信贷，鼓励发展适合农村特点和需要的各种微型金融服务。允许农村小型金融组织从金融机构融入资金。允许有条件的农民专业合作社开展信用合作。"

同时，一些行政法规也加快出台。2006 年 12 月，银监会出台了《关于调整放宽农村地区银行业金融机构准入政策，更好支持社会主义新农村建设的若干意见》，推出建立村镇银行、贷款公司和农村资金互助社三种新型金融机构试点的"新政"。2007 年，银监会颁布了《村镇银行管理暂行规定》、《贷款公司管理暂行规定》、《农村资金互助社管理暂行规定》等法规。2008 年 4 月至 5 月，银监会和人民银行先后联合发布《关于村镇银行、贷款公司、农村资金互助社、小额贷款公司有关政策的通知》和《关于小额贷款公司试点的指导意见》，明确小额贷款公司从事小额信贷业务的主管部门、合法地位、市场准入、融资和监管等相关政策规定。

据人民银行报告显示，截至 2011 年 12 月末，全国共有小额贷款公司 4282 家，从业人员达 47088 人，实收资本达 3318 亿元，贷款余额 3915 亿元，全年累计新增贷款 1935 亿元。

我国的小额信贷政策法规经历了一个先滞后、再缓慢、逐步放开并有反复，以及加速制定和仍需改善的过程。这个过程大体经历了从不认同或持观望态度，到承认小额信贷扶贫到户的有效作用，到支持试点和确认小额信贷的支农作用，到中央要求建立多种所有制形式的小额信贷机构，再到中央明确小额信贷是农村金融体系的有机组成部分。

我国的小额信贷发展还处于初级阶段，相关法规建设缓慢。至今，小额信贷法规都只是针对正规的商业性银行机构和新型金融机构，没有任何具体的关于公益性（扶贫性质）小额信贷业务或机构的正式的法规性文件。应该指出的是，公益性小额信贷对构建和谐社会和发展普惠金融有重要意义，在小额信贷发展历史和进程中一直起先锋、创新作用的公益性制度主义小额信贷，至今没有政府政策法规的支持鼓励，是很不公平、很不应该的①。

---

① 参见：杜晓山，2012："小额信贷的挑战与前景"，《中国金融》2012 年第 11 期。

第三节　发展模式与租金配置

按照资金来源划分，小额信贷模式大致可以划分为三类：第Ⅰ种模式是金融机构的小额信贷；第Ⅱ种模式是政府主导的小额信贷扶贫项目；第Ⅲ种是国际组织资助成立的小额信贷机构。从比较情况看，上述三种模式，无论是管理制度、风险控制、业务品种，还是利率安排、期限结构、财务状况等等，都有很大不同。但是，无论是政府主导的小额信贷，还是金融部门的小额信贷，或者是国际组织的小额信贷，基本上都是遵循从农村到城镇的发展路径。

第一，资金来源不同。金融部门小额信贷有两个资金来源——储蓄资金及中央银行再贷款。政府主导小额信贷主要来自国家扶贫贴息贷款以及一些地方政府。非金融部门小额信贷的资金来源主要来自国际组织、双边与多边援助机构或自有资金等，实行成员强制存款，类似于集资，只不过最初的资金来源于国际组织。

第二，法律地位不同。金融部门小额信贷的开办机构是金融机构，是经中央银行批准经营贷款业务的金融机构，具有经营性、特许性、公众性的特征。政府主导的小额信贷一般是由政府部门指定金融机构，如扶贫开发贴息贷款由中国农业银行负责办理。非政府机构的小额信贷一般不具有合法的法律地位，没有合法的经营贷款业务的身份。

第三，利率安排不同。金融部门的小额信贷的利率安排是完全按照中央银行的利率管理规定执行的，政府主导的小额信贷一般是实行国家规定的优惠贷款利率，而非政府部门的小额信贷的利率则有很大不同，有的高达 10% ~ 20% 不等，远远高于金融部门的小额信贷利率水平。大部分小额信贷的借款人通常应支付较高的名义利率,这种较高的名义利率的出现,通常是因为信息的不完善使贷款人承担很高的风险,从而要求有一个风险溢价(Risk Premium),而不是因为垄断利润的存在。

第四,还款方式不同。非政府部门小额信贷的利率水平高,与他们的还款方式设计有关。基本上都是分期还本付息,一般还款期为一周或两周,一月或两月,甚至利息还要提前从本金中扣除(这是金融部门绝对禁止的)。另外两种小额信贷的还款方式基本上是按月计息,按季付息,大多是实行到期一次性还本付息。

第五,贷款对象不同。金融部门小额信贷的贷款对象不限于贫困人口,而是所有符合贷款条件的自然人。政府主导小额信贷的贷款对象限制在贫困人口,但是在实际运作中已经有部分资金进入了农村基础设施建设中。国际组织的小额信贷仅限于贫困人口,但这是有争议的。一些人认为应是在正规金融部门得不到资金的人,这些人并不一定是贫困人口。而这是"扶贫"经济学家所反对的,他们坚持国际组织的小额信贷应仅限于扶贫,贷款对象仅限于贫困人口。但是如果考虑到"内部人控制",贫困人口的贷款风险一般很大,那些"内部人"更关心机构的存在而不是贷款对象,那么贷款就不仅仅限于贫困人口了。

三种小额信贷模式的资源配置方式不同。第Ⅰ种模式,一部分是市场机制,一部分是非市场机制,主要是中央银行提供了部分再贷款;第Ⅱ种模式是政府提供资金介入资源配置,通过利差创造租金;第Ⅲ种模式是完全市场机制。关于市场机制,无须赘述,这里主要讨论第Ⅰ种模式中的非市场机制以及第Ⅱ种模式。

在租金配置上,两者在许多地方上是一致的。首先,都是政府提供资金。不同的是,第Ⅰ种模式由中央银行以再贷款的方式提供资金,第Ⅱ种模式由政府提供资金,所以都隐含补贴机制。其次,都是利差创造租金。不同的是,第Ⅰ种模式的利率要高于后者,第Ⅱ种模式利率更加优惠,所以在贷款对象上,第Ⅱ种模式偏重于贫困人口。

表 7.1：2004 年至 2011 年农村信用社小额信贷①

时间	普通商业贷款利率（1 年期）%	农信社支农再贷款利率%	农信社支农再贷款余额（亿元）	利差%	租金（亿元）
2004 年	6.75	3.87	907.2	2.88	2612.74
2005 年	6.07	3.87	597.91	2.2	1315.4
2006 年	6.58	3.87	355.97	2.71	964.68
2007 年	7.93	4.68	278.24	3.25	904.28
2008 年	6.64	3.33	268.3	3.31	888.07
2009 年	5.88	3.33	406.29	2.55	1036.04
2010 年	6.34	3.85	722.74	3.01	2175.45
2011 年	7.80	3.85	1094.28	3.95	4322.41

注：由于再贷款是循环周转使用的，所以，统计余额数，不是增加额。

第Ⅰ种模式的租金配置过程是这样的，中央银行以再贷款的形式转移租金，租金从中央银行转移到了金融部门，金融部门获得再贷款利差创造的全部收益，居民部门获得贷款。这种形式也认为是中央银行对农村信用社的补贴。所不同的是，这种补贴是有附加条件的，即必须用于农户的小额信贷。

与第Ⅰ种模式的租金配置不同的是，第Ⅱ种模式的租金配置中，金融部门并没有获得租金收益，全部租金收益由政府部门直接转移到了居民部门，居民部门获得收益表现为少支出成本，金融部门仅获得了中介收益，并没有直接获得租金收益，但是却直接配置资源。不仅如此，如果出现了贷款损失，金融部门还要承担相应的贷款损失，所以这一利益机制对金融部门并不特别有效。

①说明：（1）"普通商业贷款利率"数据来自历年《中国货币政策执行报告》。1998 年至 2003 年为利率改革试点阶段，因此 1998 年至 2003 年数据为统计期末的 1 年期贷款基准利率；2004 年 3 季度开始监测贷款加权平均利率，2004 年数据为 1 年期固定贷款利率的加权平均利率；2005 至 2008 年的数据为 1 年期贷款加权平均利率，包含了对固定贷款利率和浮动贷款利率的加权；2009 年至 2012 年，数据为各类期限贷款利率进行加权的一般贷款加权平均利率。（2）"农村信用社支农再贷款利率"为统计期末数据。（3）"农信社支农再贷款" 2003 年以前的数据没有采集。

表7.2：2002年至2011年扶贫贴息开发贷款①

时间	普通商业贷款利率（1年期）%	扶贫开发贴息贷款利率%	扶贫开发贴息贷款余额（亿元）	扶贫开发贴息贷款新增额（亿元）	利差%	租金（亿元）
2002年	5.31	3	441.53	75.6	2.31	174.64
2003年	5.31	3	445.29	3.76	2.31	8.69
2004年	6.75	3	471.11	25.82	3.75	96.83
2005年	6.07	3	398.54	-72.57	3.07	-222.79
2006年	6.58	3	377.03	-21.51	3.58	-77.01
2007年	7.93	3	311.51	-65.51	4.93	-322.96
2008年	6.64	5.31	167.67	-143.84	1.33	-191.31
2009年	5.88	5.31	184.90	17.23	0.57	9.82
2010年	6.34	5.81	230.28	45.37	0.53	24.05
2011年	7.80	6.56	275.88	45.6	1.24	342.09

第Ⅰ种模式为农村信用社小额信贷，第Ⅱ种模式是国家扶贫贴息贷款，全部由农业银行负责承办。由于利率市场化改革逐步推进，贷款利率浮动幅度不断扩大，农业银行与农村信用社的贷款利率上浮幅度并不一致，目前均已放开，计算较为复杂，且实际贷款利率较难掌握，故仅采用普通商业贷款利率进行测算，这样估算的租金数字可能有所偏差，但大致能清楚其作用机理。

计算公式如下：

总租金＝租金Ⅰ＋租金Ⅱ

租金Ⅰ＝再贷款余额×［普通商业贷款利率－农村信用社再贷款利率］

①说明：（1）"扶贫开发贴息贷款利率"为统计期末数据。（2）"扶贫开发贴息贷款"的统计是对"中央财政贴息的扶贫开发贷款"的统计，中央财政贴息的扶贫开发贷款开始于2001年。2001年，发布的《扶贫贴息贷款管理实施办法》，规定扶贫贴息贷款统一执行3%的优惠利率，贷款期限不超过3年，扶贫贴息贷款利率与同档期贷款基准利率之间的利差由中央财政统一贴息补偿。2008年，发布的《关于全面改革扶贫贴息贷款管理体制的通知》，对扶贫贴息贷款相关政策进行了调整，将"固定贷款优惠利率政策"改为"固定财政贴息率"，即：中央财政在贴息期内，到户贷款按年利率5%、项目贷款按年利率3%的标准给予贴息，中央财政按贴息1年安排贴息资金；贷款利率由承贷金融机构根据中国人民银行的利率管理和其贷款利率定价要求自主决定。从各省的摸底调查情况看，目前扶贫贴息贷款一般执行1年期基准利率。（3）"扶贫开发贴息贷款"数据从2001年《扶贫贴息贷款管理实施办法》执行后开始统计，该项数据为年度数据，由人民银行各分支机构按年统计汇总所得。

租金Ⅱ＝扶贫开发贴息贷款增加额×［普通商业贷款利率－扶贫贴息贷款利率］

从上述统计数据中，我们可以得出以下结论：

第一，第Ⅰ种模式中，8年中，中央银行总共提供了1094亿元的再贷款，创造了1.4万亿元的经济租金。租金从中央银行转移到了金融部门，金融部门获得再贷款利差创造的全部收益，居民部门获得了相应数量的贷款。第Ⅱ种模式中，10年来，政府不仅没有增加扶贫贴息贷款，反而减少了90亿元的贷款，相应地减少150多亿元的租金支出，说明这种选择性控制手段正在逐步退出。但是，数据显示，截至2011年末，扶贫贴息开发贷款余额仍高达275.88亿元，即便按照当年的利差计算，如此巨额的贷款仍产生了342亿元的租金。这些租金并没有被金融部门获得，而是通过金融部门由政府部门转移到了居民部门，居民部门少支出了342亿元的贷款成本，金融部门获得了中介收益。

第二，第Ⅰ种模式的整个配置过程中，居民部门并没有少支出成本，全部租金补贴给了金融部门，金融部门平均获得了2~3个百分点的利差；第Ⅱ种模式的整个配置过程中，居民部门获得了全部租金收益，平均少支出了约2~3个百分点的利息。

第三，总体看，两种模式各有侧重。第Ⅰ种模式侧重于激励金融部门，但不利于居民部门，特别是不利于支持居民部门中的贫困人口；第Ⅱ种模式侧重于补贴居民部门，有利于支持居民部门中的贫困人口，但不利于激励金融部门。可否考虑把两者结合起来，即提供再贷款，但规定贷款利率上限，或提供扶贫贴息贷款，但给金融部门一定补贴？

第四，第Ⅰ种模式旨在发挥再贷款的支持性、引导性作用。总体看，作用很大。到2012年6月末，农户贷款余额4176亿元，较年初增加了1028亿元，增幅为32.7%，高出贷款总额增幅19.3个百分点；农户贷款占农业贷款的比重为75.8%，比年初上升4.4个百分点；农户贷款增加额占农业贷款增加额的93.2%。农户贷款中，小额信用贷款695亿元，比年初增加368亿元，增幅112.5%，联保贷款268亿元，比年初增加149亿元，增幅125.2%。6月末，全国共有31446家农村信用社开办了农户小额信用贷款，占农村信用社总数的90%，有17195家农村信用社开办了联保贷款，占农村信用社总数的49%，共有 4318 万户农户获得了小额信用贷款，有 954 万户农户获得联保贷款，农户贷款面①达到 46%。问题是，是否应该区别金融部门的自有资金与再贷款资金的贷款对象？

第五，再贷款实行价格歧视。再贷款对农村信用社是优惠的，其目的是支持农村信用社，但有可能产生道德风险。

---

① 指获得小额信用贷款和联保贷款的农户占有贷款需求农户的比重。

第四节　市场效应

相比亚洲的孟加拉、印尼和拉美的一些国家，我国已建立起相对完整的正规金融体系，但小额信贷作用不如这些国家大。根据银监会统计，截至 2011 年 6 月，全国仍有 21 个省（市、区）没能实现乡镇金融机构全覆盖，仍有 2312 个乡镇是金融服务空白乡镇。小额信贷发展迅速，对弥补我国基层金融空白正发挥着越来越重要的作用。

第一，促进了工商业的发展。特别是在中西部地区，由于土地产出率相对于工商业利润率较低，较高的工商业利润率将诱使农民更愿意投资工商业，而不是占有更多的土地。他们拥有少量的土地多数是为了满足家庭的粮食消费。小额信贷的发展，为劳动剩余人口提供了从事土地以外劳动的资金需求，从而促进了工商业的发展。

第二，打击了高利贷。根据调查，民间借贷利率甚至高达 25% 以上，有的甚至达到了惊人的 60%。在高利贷高利率的驱使下，民间的资金富裕者将不会去投资工商业，而是通过民间借贷从中牟利。对他们来说，工商业由于资源禀赋的制约，不是他们所擅长的，向周围发放高利贷比投资工商业更可靠。这样做的结果是，大多数缺乏资金者消耗了可观的地租，阻碍了资本的积累和工商业的发展。小额信贷的发展，为资金市场提供了新的、有竞争力的资金来源，缓解了资金缺乏者的资金需求，进而打击了民间高利贷。

第三，解决了"农业内卷化"问题。恰亚洛夫提出了封闭小农的自我剥削机制。认为小农的收入边际效用很高。当无外部就业机会时，他们便会在自家的土地上投入高于在一般工资率下应该投入的劳动量。黄宗智称这一现象为"农业的内卷化"。通过小额信贷发展非农产业，提供新的就业机会，农户可以转移劳动投入，在土地与兼业之间分配劳动，提高了劳动效率，合理配置了劳动投入。

第四，改进了隐蔽性失业状况。在广大农村，由于劳动过剩，存在大量的隐蔽性失业，农业边际产出很低，农民迫切需要在土地以外就业。农户对土地的投入是与其在农业之外的机会收益密切相关的。农户在农业边际产出高于现行工资率时是不会去场外就业的。只有当两者相等时，他的劳动投入量才是最佳的。通过小额信贷发展的农户兼业，显然改进了隐蔽性失业状况。但是，由于劳动投入于非农业，无论规模大小，都会产生农业的副业化，因而影响产量[1]。从单纯的粮食生产角度来说，兼业自然使产量降低。但如果从大农业的角度来看，他们养好了蚕不正是提高了农业产量吗？当然，如果兼业中的主业是工商业，农业生产是会受到影响的[2]。

总体看，小额信贷是解决就业、缩小收入差距的有效途径，长期看，应该有相当大的发展潜力。问题在于如何发展。中央银行提供资金或是政府提供贴息资金所设定的租金制度是否能够持久？不仅如此，政府干预必然要带来道德风险，孰轻孰重，值得研究。

---

[1] 参见：曹幸穗，1996：《旧中国苏南农家经济研究》，中央编译出版社。
[2] 参见：姚洋，1998："小农与效率"，北京大学中国经济研究中心论文。

第五节 小额贷款公司：案例研究※

本节选择四川仪陇惠民贷款公司（以下简称"惠民贷款公司"）与仪陇惠民村镇银行（以下简称"惠民村镇银行"）、内蒙古通辽市辽河镇融达农村资金互助社（以下简称"融达资金互助社"）作为典型案例，进行比较分析（见表7.3）。

比较看，三类新型农村金融机构的创新之处在于：一是高效便捷的贷款审批机制。惠民村镇银行从农户提出贷款需求，到信贷员上门调查评估，再到贷款审批，最后实际发放贷款，最快只需半天时间。二是灵活多样的担保方式。既有抵质押贷款，还有信用贷款和多户联保贷款。惠民贷款公司专门选择有威望的村民（一般为村长或村支书）推荐贷款户，了解贷款户的信用情况，跟踪贷款户的财务变化，在贷款归还后，向其支付一定的酬劳，以此缓解信息不对称、担保不足等问题。三是符合市场需求的贷款期限。融达资金互助社一般是在春耕备耕时节发放贷款，在秋收时回收贷款，贷款期限一般为6个月到10个月不等，更加适合农户季节性的资金需求特点。四是细分农村金融市场。融达资金互助社共有3名信贷员，全是附近村民，对周围12个村子都很熟悉，平均每个人负责4个村，走村串户，调查走访，了解市场需求，把农村金融市场细分到每家每户。

※2007年12月，我与有关同志赴内蒙古、四川两地进行调研，有关案例研究来自于此。

表 7.3：3 家新型农村金融机构经营管理情况表[①]

	惠民村镇银行	惠民贷款公司	融达资金互助社
成立时间	2007 年 3 月	2007 年 2 月	2007 年 5 月
资本来源	注册资本 200 万元。其中，南充市商业银行出资 100 万元，占 50%股权，西藏珠峰伟业集团、四川海山集团、南充联银贸易公司、四川康达零配件集团各出资 20 万元，占 10%股权。	注册资本 50 万元，全部由南充市商业银行出资。	注册资本 30 万元，其中，村民牛占有（任经理）出资 3 万元，为最大股东，共 270 名社员入股。
贷款对象	农业小企业和农户	农业小企业和农户	入股社员
贷款规模	累计发放贷款 892 万元	累计发放 179 万元	累计发放 260 万元
累计贷款户数	72 个小企业、85 个农户	32 个小企业、53 个农户	12 个自然村，270 名入股社员
贷款利率	一年期贷款利率 8%～10%。	一年期贷款利率 8%～10%。	比照当地农村信用社，一年期贷款利率最高上浮到 16.76%
贷款用途	主要用于生产性领域	主要用于生产性领域	主要用于生产性领域
贷款期限	一年以内	一年以内	6～10 个月
还款方式	部分为分期还款	部分为分期还款	一次性还本付息
担保机制	多种担保形式	多种担保形式	两人联保
机构性质	股份制	有限责任公司	合作制

总体看，新型农村金融机构试点工作进展顺利，取得了初步成效。

第一，有效扶持了"三农"经济发展。惠民村镇银行成立 9 个月，分别对 72 个小企业、85 个农户累计发放贷款 705 万元、187 万元。惠民贷款公司成立 10 个月，分别对 32 个小企业、53 个农户累计发放贷款 91 万元、88 万元。融达资金互助社成立 7 个月，业务范围覆盖了 12 个自然村，吸引了 270 名社员入股，累计发放贷款 260 万元。虽然新型农村金融机构成立时间较短，资金实力有限，贷款规模较小，金融市场份额很低，但确实在一定程度上对"三农"经济发展发挥了扶持作用。

第二，促进了农村地区金融机构的良性竞争。基层同志普遍反映，新型农村金融机构的建立对现有金融机构产生了较强的"鲶鱼效应"，刺激了现有农村金融机构投放贷款的积极性，促进了农村金融市场的有效竞争。如四川北川

[①]有关数据截至 2007 年 11 月 30 日。

富民村镇银行成立后，当地农村信用联社在 2007 年前 10 个月内贷款增加了 1.27 亿元，远远超过了平均每年 2000 万元的增长速度，贷款投放相当于过去 5 年的总和。仪陇县农村信用联社主任反映，惠民村镇银行和惠民贷款公司成立后，自己开始重新审视自身金融服务的不足，竞争意识显著增强，经营管理理念明显改进，特别是员工的精神面貌焕然一新，更加积极地走村串户，向农户宣传金融政策，深入了解农户资金需求。

第三，打击了民间高利贷。在调研中，许多农户反映有过借高利贷的经历。融达资金互助社的社员柴四保存着两张"高利贷"借据，上面鲜红的手印清晰可见：一张借据金额是 3900 元，另一张金额是 2600 元，期限都是 10 个月，借款利息折合年利率高达 30%。他介绍说，这样的高利贷还需要托人、找关系才能借得到，在融达资金互助社成立后，他半信半疑地去咨询，结果第二天入股 100 元成为社员，就获得了贷款 1 万元，尽管利息也很高（折合年利率 16% 左右），但远远低于"高利贷"利率。融达资金互助社的经理反映，一些放高利贷的人曾威胁他，给其两条路选择：一是提高贷款利率到 30%，二是关闭资金互助社。

随着试点工作的不断深入，一些潜在问题逐渐暴露出来，已经在一定程度上阻碍了新型农村金融机构的持续健康发展。

第一，配套政策不完善。

比如，国家出台了《现金管理条例》、《人民币银行结算账户管理办法》等一系列法律规定，加强现金管理，规范银行账户的开立和使用，维护正常的经济金融秩序，防止多头开户逃税、逃债、逃贷、套取现金、私设"小金库"，甚至进行诈骗、洗钱等违法犯罪活动。但是，目前 3 类新型农村金融机构是否需要遵守上述政策规定尚不明确，这一问题不尽快解决可能影响正常的经济金融市场秩序。

此外，一些机构经与当地政府协商减免了所得税，但营业税、城市维护建设费、教育附加费、城镇土地税、印花税等税收优惠政策尚不明确。这些税负负担如不能得到有效减免，可能会大大影响新型农村金融机构的发展。据融达资金互助社称，因其营业场所设在村子里，占地面积约 7000 多平方米，当地政府要求其按照每平方米 3 元缴纳耕地占用税，总共需缴纳 2.1 万多元，约占其资本金的 5%，负担很重。

第二，经营管理不规范，发展面临困难。

一是亏损严重。融达资金互助社实收资本 39 万元，预计亏损 10.7 万元。惠民村镇银行注册资本 200 万元，实际亏损 45 万元。惠民贷款公司注册资本 50 万元，账面亏损 8 万元。如果考虑到惠民村镇银行和惠民贷款公司多名高管人员的薪酬均由母银行（南充市商业银行）支付，大额贷款审批由母银行负责，信贷资金依靠母银行的低息资金等因素，其实际亏损会更大。

二是资金来源有限，实力不足。惠民村镇银行有 50 万元存款来自南充市商业银行的委托存款；惠民贷款公司除了 50 万元的注册资本金外，有 100 万元资金来自南充市商业银行的拆入资金；融达资金互助社只有 30 万元注册资本，其余 200 多万元资金全部来自其经理一人的存款。

三是职工队伍不稳定，缺乏金融知识和风险意识。融达资金互助社的 6 名员工，都是当地农民，都没有金融从业经历，只是接受了当地信用社的 3 个月培训，对金融法律法规不熟悉，缺乏金融风险意识。惠民村镇银行现有员工 15 人，其中，9 人为南充市商业银行（发起人）派驻，行长、副行长均为南充市商业银行员工，其余 6 名新员工均没有金融从业经历，开业以来始终由南充市商业银行的职工负责进行全方位的培训。

四是市场竞争激烈，处于弱势。村镇银行和贷款公司这两类新型农村金融机构实际上与当地信用社的市场定位相似、信贷模式雷同、服务对象同质，两者之间竞争十分激烈，农村信用社显然居于上风，村镇银行和贷款公司是在夹缝中生存。在走访惠民村镇银行和惠民贷款公司的客户时，我们发现农村信用社对其多个客户提供了贷款。一个农户从惠民村镇银行贷款 4000 元饲养獭兔，实际已从当地信用社贷款 8500 元了，该村还是信用社的示范区，全村 2/3 的农户从信用社贷款。另一个农户从惠民贷款公司获得贷款 2 万元养鱼，实际仍拖欠当地信用社村级债务贷款 1.5 万元。

五是金融安全存在隐患。据银监会反映，银行业 80% 的案件发生在基层机构，91% 发生在国有商业银行和农村信用社。农村资金互助社等许多新型农村金融机构大多处于边远山区，安全防范设施难以达到规定要求，且从业人员大多没有金融从业经历，缺乏对金融案件和突发性事件的防范意识，特别是对携款潜逃、抢劫现金等案件认识不足。据了解，四川北川富民村镇银行所在地 110 报警系统还不健全。融达资金互助社 12 月 18 日和 12 月 19 日分别收取了现金20万元和5.3万元（农户还款），当天均由其经理开着自己的汽车寄存到十几公里以外的农村信用社，押运过程中只有一个人，唯一的警备工具是警棍，安全隐患突出。

六是治理结构存在缺陷。融达资金互助社吸引社员入股的方式，是农民有贷款需求时，互助社告知可以通过入股获得贷款，许多社员只知道入股后可以贷款，却不知道入股后成为社员，有参加社员代表大会进行投票和表决、参与分红、符合一定条件可以自由退股等社员的基本权利。

第三，监管资源不足。

据通辽市银监局反映，当地银监局成了新型农村金融机构的"保姆"，对新型农村金融机构的组建和发展投入了大量的人力、物力，既要加强日常监管，又要帮助其完善制度、加强管理以及无偿负责提供人员培训，"送上马，走一程"，已经远远超出了一个外部监管者应尽的职责范围。该局从事农村金融日常监管的职工共10人，辖区内只有1家农村资金互助社，就专门安排了2名同志对其实施"盯住式"监管，现场监管频率几乎为每2天一次，监管任务十分繁重。四川省银监局也反映，3类新型农村金融机构试点主要在县城及村镇，一般县级监管办最多只有4人，国定贫困县和省定贫困县一般没有设立监管办，随着试点机构增多，监管人员不足问题将更加突出。

总的看，新型农村金融机构给农业小企业生产经营以及农民发家致富带来了巨大变化，农民对新型农村金融机构有感激之情。但新型农村金融机构自身存在的诸多问题，决定了其金融服务的局限性。以下几个问题值得反思：

第一，财政资金是补贴还是杠杆？

长期以来，财政政策对贫困落后的农民基本实行以转移支付为主的无偿补贴。实践证明，无偿补贴不仅低效率，而且不可避免地会产生道德风险，无法建立有效的激励—约束机制。四川仪陇县的同志反映，该县每年良种补贴几千万元，分到每户农民手里只有几十元钱，农民只能用来消费，财政的资金成了一次性投入，全部打了水漂，仿佛没有发生过。

如果把这几千万元的财政资金，通过一个好的制度设计，与金融政策有机地结合起来，建立起正向激励机制，以财政杠杆撬动金融资源，则有望持续发挥更大的作用。如建立财政风险基金，对金融机构的农户贷款进行风险补偿，并引入竞争机制，对不同风险的金融机构实行不同的补偿系数，既对农户建立了正向激励机制，又对金融机构实施了正向激励，还把财政资金的一次博弈转变为多次博弈，真正实现了财政政策的效益最大化。

第二，是追求社会福利最大化还是商业利润最大化？

一种观点认为，新型农村金融机构一定要服务于"三农"，贷款利率要低，要兼顾到农民的利益，要追求社会福利最大化。农村资金互助社的收益来源无非两个途径，一是贷款利率，二是分红。社员的贷款利率高了，分红可以多些；贷款利率低了，分红就少了，两者轧差的结果最终都由全体社员共同分担，其目标只能是社员福利最大化。村镇银行和贷款公司则不同，产权关系上完全实施股份制，最终都只能追求股东权益最大化。

之所以提出要以追求社会福利最大化为目标，其实质只能是以此为借口获取财政支持。否则，新型农村金融机构最终是"泥菩萨过江——自身难保"。四川仪陇县的一位同志作了一个形象的比喻，飞行安全知识告诉我们，在飞机的氧气面罩脱落时，一定要先给自己戴上，再给自己的小孩戴上，就是这个道理。

第三，是实施审慎性监管还是非审慎性监管？

基层监管部门的一些同志反映现有监管力量不足，监管资源不够，与监管任务存在差距。新型农村金融机构之所以为"新"，不仅仅在于这是一场增量改革，这些新型农村金融机构是新生事物，更重要的是对这些新生事物实施外部监管同样也是新生事物，监管理念也需要随之更新。

贷款公司不吸收公众存款，完全是借贷双方的自主自愿，依靠《合同法》约束，不会损害第三方，银监会已明确规定主要依靠出资人自主实施管理；资金互助社取决于社员之间的约定，利息与分红相互平衡，但不排除社员不懂社员权利，被少数人内部控制以及产生吸收非社员存款的冲动。对这两类机构在监管理念和监管定位上需要进行更加深入的探索和实践。

第四，是增量改革还是存量改革？

长期以来，农村金融改革的重点是努力推进存量改革，开展农村信用社改革试点、农业银行股份制改革、农业发展银行扩大业务范围、组建邮政储蓄银行等，增量改革之所以举步维艰，关键在于其牵一发而动全身，"一放就乱"，一发而不可收拾，因此对启动增量改革是需要下很大决心的。新型农村金融机构的试点，正式启动了农村金融的增量改革，在组织架构、信贷模式、公司治理等各个方面都开展了金融创新。但是，在稳步推进和扩大试点的过程中，要注意防止和解决两个问题：

一是要防止搁置存量改革。新型农村金融机构在短期内毕竟对于农村金融是杯水车薪，农村金融的主力军还是农村信用社和农业银行。许多同志反映，农村金融存量改革的任务还很重，比如农村信用社省联社"三位一体"的管理体制存在缺陷，职责边界不清晰，"越位、缺位、串位"问题突出，要慎重研究各地组建省联社统一法人的必要性和可行性，处理不当有可能违背农村信用社改革试点的初衷，影响农村金融服务"三农"的大局。

二是防止割裂增量改革与存量改革。新型农村金融机构和现有农村金融机构之间既要展开公平竞争，又要相互合作，要逐步实现增量改革与存量改革相互促进，相辅相成。比如，可以在一些地区鼓励和引导现有农村金融机构，按照自愿原则作为批发机构，向新型农村金融机构批发资金，新型农村金融机构作为零售机构，负责发放和回收贷款等。两者之间不要相互割裂，互相戒备，恶性竞争。

3类新型农村金融机构中，村镇银行可以吸收公众存款，资金实力较强，在摆脱母银行实质性控制，进一步完善公司治理结构的基础上，未来有望与现有农村金融机构展开一定的竞争。贷款公司和农村资金互助社则受制于有限的资金来源，只能在部分区域发挥拾遗补缺功能。估计贷款公司在相当长的时期内只能充当出资银行的分支机构，能够使部分城市资金回流到农村；农村资金互助社面临的困难更多，要走的路还很长。

第六节 地方金融管理改革※

按照"谁审批、谁监管"的原则，小额贷款公司应由地方政府负责监管，这就涉及到一个新课题，即地方政府与金融的关系。

地方政府与金融的关系，大体可划分为三个阶段：第一阶段，1997 年以前，地方政府对金融的干预普遍存在，银行是"钱袋子"，乱办金融问题突出。第二阶段，1997 年至 2003 年，大量金融风险陆续集中爆发，地方政府以处置金融风险为主。第三阶段，2003 年以后，大量地方金融机构和准金融机构的管理职责陆续交给地方政府，地方政府以探索金融管理为主。

从河南、上海和天津等 3 省（市）的调研情况看，近年来，各地经过不断探索和实践，在地方金融管理的理念、目标、主体、方式、职能等各个方面都发生了很大变化。

一是管理理念由直接行政干预转向重视市场化管理。过去，地方没有金融管理的概念，银行无非是"钱袋子"，行政干预是最直接、最有效的手段，如何在体制机制上防止地方干预，避免政企不分，一直是金融改革的重点和难点。近年来，随着金融改革不断深化，市场化程度提高，法律法规逐步健全，地方金融机构管理和风险处置职能陆续交给地方政府，地方金融管理理念不断转变，行政干预受到约束，市场化管理逐渐受到重视，地方政府"管事"越来越少，更加注重"管人"、"管资产"。

二是管理目标由支持企业融资开始转向重视金融发展。过去，企业融资是

※2008 年 10 月，国办曹宇同志会同我与魏国强同志，赴河南、上海和天津进行调研，有关研究主要来自于此。

地方金融管理的首要目标。地方政府千方百计搞资金，不惜以牺牲金融机构的
长期发展为代价，支撑短期的经济繁荣。近年来，一些地方把金融作为产业来
发展，着力培育良好的金融环境和健康的银企关系，以支持经济长期健康发
展。如上海、天津都提出了建设国际（区域）金融中心的构想，分别在浦东新
区和滨海新区进行先试先行。

三是管理主体由分散于多个部门逐渐向专业部门集中。过去，地方金融管
理涉及多个部门，有了钱谁都想管，出了事谁都不管。近年来，各地纷纷成立
省级金融办，河南甚至在一些地市县都成立了金融办，集中了部分职能，逐渐
探索集中统一、专业化管理的思路。

四是管理方式由直接管理开始探索委托—代理体制。过去，金融机构治理
结构简单，无非是所有者和经营者。近年来，随着现代金融企业制度的建立，
股权关系日益复杂，公司治理结构不断完善，地方金融管理的复杂程度提高，
管理方式不断改进。上海、天津正在探索委托—代理的两级管理体制，上海成
立了上海国际集团，天津正在组建天津泰达集团，以此作为金融资产管理平
台，参与地方金融管理。

五是管理职能由被动的风险处置逐渐转向主动的风险管理。经过十多年的
清理整顿和金融改革，一些地方已经意识到，短期的行政干预代价高昂，事后
的风险处置压力太大，算总账不划算，不如变被动为主动，通过加强日常风险
管理来减轻风险处置的压力。

从实践看，地方金融管理"重融资，轻发展"，"重效益，轻风险"，"重
审批，轻监管"等问题仍然十分突出。

一是地方金融管理行为短期化，金融风险软约束。一些地区政府仍然热衷
于把金融机构当成"钱袋子"，以支持地方经济发展为首要目标，追求短期效
益。河南省金融办反映，其中心任务仍然是协调落实贷款、减免贷款、帮助企
业上市和发债。地方金融管理行为短期化，原因之一是金融风险软约束。地方
政府承担了金融风险处置的任务，但风险处置的资金绝大多数来源于中央专项
借款，都是"寅吃卯粮"、"好借不好还"，欠款比例高达50%以上。

二是金融管理职能分散，"多龙治水"。各地纷纷成立金融办，但金融管
理职责并未集中到金融办。"管人"、"管事"、"管资产"仍然分属组织部
门、金融工委、国资委、金融办、财政厅等各个部门，很难避免推诿扯皮。河

南省金融办的同志反映，金融办成立的最初目的，仅仅是为了配合监管部门和公安机关处置金融风险。

三是准金融机构存在着"重审批，轻管理"等诸多问题。目前，小额贷款公司和融资性担保机构等两类准金融机构由地方负责审批（典当行由商务部统一审批），在管理上都存在着诸多问题。一是审批与监管分离。如上海，小额贷款公司由金融办负责审批设立，监管则由所在区县政府负责，每月召开一次联席会议沟通信息。二是市场准入与风险处置分离。融资性担保机构大多由发展改革委员会或工业和信息化办公厅负责审批设立和监管，但一旦出现风险，则由金融办出面处置和化解。管"审批监管"的部门不管"风险处置"，管"风险处置"的部门不管"审批监管"。

四是准金融机构潜在风险大，尚未建立行业自救机制。准金融机构在金融机构竞争的夹缝中生存，潜在风险更高，更加需要有效的风险防范和救助机制。金融风险管理有三个层次：一是自身风险控制。即金融机构通过自身业务比例限制、提取风险拨备等，进行自我风险约束。二是行业自救。如存款保险制度、证券投资者保护基金、保险保障基金等，实现金融风险在行业内分摊、消化。三是国家救助。即政府出面买单，财政兜底，处置和化解风险，维护社会稳定。三个层次逐级递进，层层防御，有序进行。从调研情况看，正规金融机构的风险防范层次健全，路径清晰，但准金融机构则各自为战，缺乏行业自救机制。从深圳、南京等地融资性担保机构的风险事件看，准金融机构由于缺乏行业自救机制，出了风险，只能是政府出面化解，甚至直接兜底。

地方金融管理问题涉及地区经济发展水平、市场发育程度、金融风险意识等因素，情况复杂，还需要不断地探索和实践。

第一，积极探索金融监管部门与地方政府之间加强交流和沟通的有效途径。一行三会负责行业监管，各级政府负责资产管理，资产管理与行业监管不可或缺，条条管理和块块管理相辅相成，共同组成一个完整的金融管理网。在这个金融管理网中，地方金融管理长期是"木桶的短边"，是金融管理的薄弱环节，是金融风险的高发领域。建议人民银行和金融监管部门积极探索与地方政府加强交流和沟通的有效途径和方式，加强政策指导，实现地方金融管理"不越位、不缺位、不串位"，推动建立完整的金融管理网。

第二，探索分级监管的方式和途径，核心是落实责任。地方金融机构的资产在地方，业务在地方，风险在地方。特别是农村信用社和准金融机构，数量多，分布广，案件多，风险频发，管理难度大。我国金融改革的历史实践证明，地方金融机构和准金融机构的风险处置和监督管理职责只能交给地方政府，中央政府鞭长莫及。特别是准金融机构发展迅速，必须尽快探索有效的监管途径，防患于未然。建议按照"统一政策、分级监管"的原则，探索地方金融机构和准金融机构的分级监管体制。即"统一监管规则、统一业务制度、统一扶持政策"；按照"谁审批设立、谁负责监管、谁处置风险"的原则，落实风险责任。

第三，尽快建立准金融机构的行业自救机制。小额贷款公司和融资性担保机构资金规模小，业务范围有限，在金融市场上最多只能发挥"鲶鱼效应"，"替代效应"和"互补效应"有限。但是，这两类准金融机构都与金融机构有着千丝万缕的联系，特别是融资性担保机构的杠杆率甚至高过银行，有很大的外部性，由此带来的潜在风险却不容忽视。建议尽快研究建立两类准金融机构的行业自救机制，可考虑优先在一些有条件的地区建立行业风险基金，准金融机构自愿加入，既可以承担"付款箱"职能，也可以拥有监督检查权和风险处置权等多种职能，建立防范和化解准金融机构风险的长效机制，避免产生道德风险，造成财政被动买单。

第七节　简短结论

本章小结如下：

（一）小额信贷，最初是作为一种满足贫困人口合理资金需求的信贷模式出现的，其目的在于打破内源融资，缩小收入分配差距。但在实践中，由于中国对传统银行业的高度管制，小额信贷则逐渐偏离发展轨迹，演变成为一种新型金融机构，成为打破金融垄断格局的"鲶鱼"。这就是金融控制的结果。

（二）在利率市场化尚未完成、银行业拥有特许权收益的情况下，小额信贷机构的潜在收益率很高，介乎银行利率与高利贷之间，收益完全可以覆盖风险。在此背景下，很短的时间即催生了大量的小额信贷机构。

（三）即便如此，与巨大的市场需求相比，小额信贷毕竟杯水车薪，很难作为增加就业、缩小收入差距的主要力量。

（四）可以想象，一旦金融市场足够发达，利率市场化完成，小额信贷失去特许经营权收益，其规模小、成本高的劣势凸显，生存空间将受到挤压。

（五）当小额信贷机构发展到一定数量时，必然伴随着风险积聚。这样一来，就对金融监管改革形成了倒逼机制，迫使金融监管当局不得不探索中央、地方两级金融监管体制。

第八章

金融部门 I：国有银行

对特定主体实施的选择性控制，主要对象是国有银行。因为国有银行与中央银行有天然的联系，中央银行可以依靠其贯彻货币政策意图，确保金融宏观调控有效，以及渐进式金融改革得以成功进行。

第一节　信贷集中战略

　　长期以来，工、农、中、建四大国有商业银行拥有银行业 80%以上的资产和负债。1998 年后，这一比例逐渐下降。

　　从关系融资理论的角度出发，缺少竞争并不一定会降低融资的效率。竞争性银行市场所面临的一个最大的问题，就是缺少借款者（包括借款者如何使用贷款）的信息，不对称信息将诱发"逆向选择"和道德风险问题，从而降低资源配置的效率，而这一问题在垄断的银行市场结构下，却变得较易解决。一个处于垄断地位的银行，可以通过信贷配给或者和借款者形成长期的联系，达到对不同类型的借款者进行甄别并减少道德风险行为的目的。因此，银行市场的垄断对欠发达经济是有利的。但是，就中央银行信贷政策而言，垄断的结果则在某种意义上导致信贷政策不是由中央银行决定的，而是被这四家国有商业银行的行为所左右。

　　由于种种原因，虽然这四家国有商业银行的市场结构是寡头竞争模式，但是它们之间的市场竞争并不充分，反而很容易在一些事情上达成默契而采取一致行动[①]。因此，中央银行的信贷政策最终能否作用到经济运行中，并不一定由中央银行决定，而有可能取决于这四家国有商业银行。这就意味着信贷政策是否有效将在很大程度上取决于国有商业银行如何运用自己的资产总量和结构，它们的市场行为很可能与信贷政策方向不一致。

　　信贷集中就是一个典型的例子。1998 年亚洲金融危机后，信贷政策与四家国有商业银行在目标取向上，出现了一定的分歧。信贷政策要积极扩大内

---

①参见：谢平，2000："新世纪货币政策的挑战"，《经济研究》第 1 期。

需，增加贷款投放，而这四家国有商业银行要防范信贷风险，降低多年累积的不良资产，所以普遍实行"信贷集中"。

第一种方式：撤并分支机构。1996年末，四家银行共有机构15.5万多个，职工169万人。从1997开始，四家国有银行开始有计划地调整，按照一定时期的存贷款规模、经营情况、市场竞争程度以及地方经济状况，确定撤销、合并或降格的分支机构，在系统内重新布局。到2000年末，四家国有商业银行共撤销、合并或降格银行类营业性分支机构3.4万家，其中县支行近1600家，下降比例达到21%，工作人员净下降近13万人。撤销主要发生在中西部经济较不发达地区。

第二种方式：改革信贷资金管理模式。国有商业银行主要依据分支行的经营情况、地区经济发展水平等因素，对分支行实行存贷比例管理、规模管理或双重控制。在资金管理体制上，强调一级法人对全系统统一管理、统一调度。原则上，下级行资金有余上存上级行，资金有缺口向上级行借款解决。总行通过系统内资金往来利率集中和分配资金。由于上存资金利率高于同期存款准备金利率一定的百分点，一些经济欠发达地区的分支机构，宁愿资金上存而不愿贷款，以规避信贷风险。

第三种方式：上收信贷权限与严格授信管理。1997年以来，国有商业银行采取了上收部分分支机构的信贷审批权限，严格授信管理的收缩战略。一是依据分支机构的经营管理水平以及所属地方经济发展程度等因素，上级行对下级行信贷授权。大部分县支行，特别是中西部地区的县支行，基本没有授权，信贷权限仅限于小额质押贷款、银行承兑汇票贴现以及部分小额消费信贷。二是根据客户的市场竞争能力、资产流动性、管理水平等对客户授信。四家国有商业银行授信权统一集中于省行，授信规定十分严格。严格的授权、授信规定，对基层行的放贷能力形成刚性制约。

第四种方式：信贷向大中城市、大企业、大项目以及部分行业集中。在贷款投向上，优先向大中城市、大企业、大项目以及部分优势行业倾斜。

总体看，商业银行在信贷资金管理体制上进行调整，方向是好的，符合商业银行自身发展需要，对尽快推进商业银行市场化改革进程，防止过度竞争，以及降低新增贷款不良率，提高信贷资产质量，提高盈利水平发挥了一定作用。但是，这种信贷集中的发展战略的负面影响也很大。

第一，造成县域经济和落后地区资金匮乏，不利于地区经济协调发展，不利于盘活原有信贷存量。国有商业银行信贷权限的收缩，以及由此带来的贷款业务的过快退出，主要发生在县域经济和贫困落后地区。由于股份制商业银行都设在大中城市，主要与国有独资商业银行争夺城市优质客户；农村信用社目前不具备进城补缺的条件；城市信用社经营困难无力填补，造成事实上县域经济贷款投入主体的缺位，金融服务出现断层，金融服务功能弱化，进一步造成部分区域资金匮乏，难以循环。迫使一些企业不得不寻求"灰色"渠道筹措资金，通过民间借贷，支付10%以上的利率，或采取拖欠货款的方式维持周转。部分企业甚至由于得不到后续贷款，生产经营更加困难，极有可能逃废原有债务，银行的原有存量信贷资产难以保全，从而引发新的不良资产。

第二，贷款对中小企业支持弱化。商业银行对中小企业贷款，普遍要求贷款担保，在担保体系没有完善的情况下，商业银行就相应地减少对中小企业贷款，甚至不贷。由于信贷集中投向少数行业，过度集中所带来的行业风险增加，同时影响信贷资金的优化配置，致使一些有潜力的行业，如高新技术、新材料等新兴产业得不到信贷资金的有力支持。

第三，影响了贷款审批、发放的效率。贷款权限集中后，贷款的审批环节增加，审批手续复杂，使得贷款的审批时间拉长。部分符合贷款条件又急需贷款的企业、项目难以及时得到贷款支持。

第五，信贷资金流向虚拟经济的倾向增强。由于资本市场资金回报率相对较高，信贷资金向大企业、上市公司倾斜以后，造成大企业、上市公司资金富余，极有可能置换出其自有资金，进入股市，牟取暴利，最终造成股市泡沫。信贷资金集中投向大企业、上市公司，成为信贷资金违规流入股市的一条重要渠道，最终使得大量的信贷资金没有投到生产经营活动中，转而流向虚拟经济。

信贷集中揭示了两个问题。第一，在目前的市场条件下，依靠市场的自发运行，最终很有可能导致经济"失衡发展"。中央银行进行一定范围内的指导以及实施金融控制是非常必要的。第二，信贷政策的"窗口指导"职能的确是一种软约束。中央银行还没有树立起足够的权威，以及具备足够的能力，可以单纯依靠"窗口指导"来引导商业银行的经营行为。

目前，有一些信贷政策的实施主体是"排它性"的，并非一视同仁。比如国债项目配套贷款、国家助学贷款等，主要集中在租金类的金融控制。这些排它性信贷政策有一些有利于国有商业银行，但不利于平等竞争，有一些不利于国有商业银行，还属于"摊派"，属于国有银行的政策性负担。如果继续推行这些排它性的信贷政策，将与市场经济发展以及国有商业银行改革相背离。这些信贷政策应随着经济发展逐渐取消。

但是，绝大部分金融控制是非排它性、非竞争性的，对所有的政策实施主体一视同仁。随着国有银行市场化改革进程的逐步推进，所有信贷政策的实施主体应逐步平等，租金机会应在所有的金融部门之间平等地展开竞争，追逐租金机会将是每个经济主体的权利。当然，这对中央银行如何合理地设计租金制度提出了挑战！

第二节 对国有银行的控制

长期以来，国有银行的改革、发展与变迁，事实上是从属于政府的决策目标函数的，政府行为渗透其中，制度结构和政策安排决定着银行业竞争格局的改进、重组与稳定。2003 年以来的国有商业银行股份制改革，始终坚持要保持国家对国有商业银行的绝对控股权，确保国家对关系国民经济命脉的金融产业的控制，以此实现国家政策意图。

一、关于绝对控股与相对控股

在股权结构中，控股根据比例不同可以划分为绝对控股和相对控股。绝对控股的出资比例在 50% 到 100% 之间。相对控股的出资比例在 50% 以下，但在全体股东中持股比例最高。按照《企业会计准则》，绝对控股必须合并会计报表，并采用权益法核算长期股权投资；相对控股则视控股股东的控制程度和影响力的大小，确定是否合并会计报表以及采用成本法还是权益法核算长期股权投资。

国有商业银行进行股份制改革，必须保持国家的绝对控股权。这就意味着通过股份制改革，一方面，改变了国有商业银行国有独资的性质，即国家不再 100% 持股；另一方面，代表国家的国有股东应至少持有国有商业银行 50% 以上的股份，以保持国家的绝对控股。比如，建设银行，"汇金公司 + 中国建投"代表国家持股 71.97%，国家保持绝对控股。交通银行，如果按照国有股及国有法人股占比 64.7% 计算，国家保持了绝对控股地位，但如果按照"汇金公司 + 中央财政"持股 28.33% 计算，国家只能保持相对控股。

二、关于股权与控制

一般认为，如果按照同股同权的原则，占有多少股权，就意味着拥有多大程度的控制权。因此，"控制"在很大程度上取决于股权比例的大小。但是，控制不完全等同于控股。控股是针对股权结构和出资比例而言的，而控制则不仅仅包含控股比例，还包括表决权、管理权等内容。《企业会计准则》明确定义了"控制"及"共同控制"："控制"指有权决定一个企业的财务和经营政策，并能据此从该企业的经营活动中获取利益；"共同控制"指按合同约定对某项经济活动所共有的控制。

由此可见，控制与股权之间不能完全等同。通过对国有商业银行进行股份制改革，国家在国有商业银行的股权结构中保持了绝对控股，但由于涉及到表决权以及管理权等，国家还需要通过其他制度安排实现对国有商业银行的控制。

三、关于表决权和控制

国家对国有商业银行的控制在很大程度上受到表决权的影响。表决权包括董事会决议和股东大会决议。

一是董事会决议。按照《公司法》，董事会决议需要经全体董事的50%以上讨论通过。这就意味着，国家要保持对国有商业银行的控制，代表国有资产出资人的董事必须在董事会中保持50%以上的比例。此外，还要考虑累计投票制度等因素对控股股东控制能力的影响。

二是股东大会决议。按照《公司法》，股东大会作出决议，必须经出席会议的持表决权的股东的50%以上通过。但是，对合并、分立或者解散公司作出决议以及修改公司章程等重大事项，必须经出席会议的持表决权的股东的2/3以上通过。这就意味着，股东大会的参加人数、召集程序、召开时限等均可能影响到重大事项的决策。假定拥有表决权的全体股东都出席股东大会，那么拥有表决权的国有股东必须占2/3以上，即持股比例达到66.67%时，才能实现国家对所有股东大会决议的控制。

此外，按照《公司法》规定，股东所持每一股份都代表一个表决权，股东按照出资比例行使表决权。但在现实中，股权与表决权之间是可以相互分离的。有的股票无权选举董事会，或只能选举少数董事会成员。如淡马锡参股建设银行 5.1%的股份，但不派驻一名董事。在申银万国证券公司的重组方案中，申银万国的前十大股东同意向汇金公司让渡部分表决权，汇金公司持有 37.3%的股权，但拥有不低于 67%的表决权。

由此可见，一旦股权与表决权相互分离，即使实现了绝对控股，也不一定能够达到控制的目的，而是取决于对表决权的控制程度。从这个意义上说，在国有商业银行实现了公开发行上市后，要实现国家对国有商业银行的控制，就不仅要在股权结构上保持国家对国有商业银行的绝对控股，还要考虑如何在表决权上保持国家对国有商业银行董事会和股东大会的控制。在相对控股的情况下，尤其要注意通过公司的反收购条款、监管部门关于外方收购资格等审查措施以及其他具有法律效力的限制性条款等，保证国家对国有商业银行的控制。在中海油收购美国尤尼科公司以及中石油收购尤科斯公司的案例中，美方和俄方的做法值得我们认真研究借鉴。

四、关于管理权和控制

国家对国有商业银行的控制在很大程度上还受到管理权大小的影响。按照股东大会、董事会、监事会和管理层各司其职、相互制衡的原则，股东拥有决策权，承担风险，做出决策和实施监督；管理层拥有管理权，提出建议和执行决策。

一般认为，管理权越大，即使股东的控制能力很小，企业的应变能力也会越强。但管理权过大，管理层就有可能被内部人控制，其行为可能会损害股东的权益。因此，要合理权衡二者的权限范围。在北京证券重组过程中，包括中国建投在内的中方股东合计持股 75%，拥有绝对控股权，但是瑞银集团却仅以 20%的股权比例享有对北京证券经营管理的全部控制权。

因此，在国有商业银行经过股份制改革以及公开发行上市后，既要提高国有商业银行参与市场竞争的应变能力，又要保持国家对国有商业银行的控制，防止出现变相损害国有股东权益的行为，就必须合理确定国有股东与管理层之间的权限范围，同时研究借鉴国外对金融机构重要岗位任职人员的国籍限制等配套措施，确保国有股东对国有商业银行经营管理的控制力。

五、关于类别股东大会与控制

国家对国有商业银行的控制还受到不同类别股东大会决议的影响。类别股东大会是我国国有企业改制上市所采取的一种特殊的制度安排。《到境外上市公司章程必备条款》规定，持有不同种类股份的股东为类别股东。公司拟变更或者废除类别股东的权利（共计12项，包括发行该类别20%以上或者另一类别的股份认购权或者转换股份的权利），不仅要经过股东大会特别决议通过，还必须经"受影响的类别股东"分别召集的股东会议通过。

目前，国有商业银行的首次发行上市均选择香港发行H股，则H股股东应为类别股东。涉及到《到境外上市公司章程必备条款》第八十条规定的12项权利，包括发行H股（20%以上）以及H股与A股之间的互转，如果认为H股股东受到影响，应经H股股东大会2/3以上的有表决权的H股股东表决通过。发行H股以及H股与A股之间的互转是否需要类别股东大会表决，关键是看是否认为H股股东"受到了影响"以及公司章程如何规定。因此，要保证国家对国有商业银行的绝对控制权，必须关注H股股东大会表决问题。如交通银行由于财政部所持的21.78%在发行时并没有被认定为H股，因此，在召开H股类别股东大会进行表决时，财政部并没有任何表决权，国家在H股类别股东大会的控股比例仅为汇金公司所持有的6.55%。类别股东会是根据港方要求，针对内地企业到香港上市专门做出的制度安排，对涉及股份变动以外的重大事项没有不利影响。

不可否认，国有实现了对国有银行的控制权，但是不可避免会带来银行业的竞争不足：

第一，受政府行业管制，银行业壁垒高，行业缺乏强有力的潜在进入者进入，现有行业成员没有竞争压力，行业竞争不足。

第二，资金缺口大、负债严重甚至资不抵债的金融机构受政府政策限制，难以退出，行业现有成员没有退出压力，行业竞争不足。没有进入，没有退出，竞争当然不足。

第三，国有商业银行居于垄断地位。国有商业银行的垄断来自于两个方面，一是来自传统的计划体制延续下来的垄断惯性；二是来自于老百姓对风险的预期，储蓄从中小金融机构自动向国有银行集中，迫使国有商业银行产生被动性垄断。这完全是市场化的，是在制度约束下的老百姓的理性自利行为。从心理上，老百姓更相信国有银行。事实上，与其说老百姓相信国有银行，不如说相信国家，因为国有银行不会倒闭的默认合约是国家制定的。

第三节　国有银行股份制改革争议

国有商业银行股份制改革之艰难自不必说，对改革之成效社会各界普遍给予充分肯定。但时至今日，仍存在不同声音，功过评述，众说纷纭。从中可见改革之艰难既需要勇气，亦需要智慧。

一、关于引入战略投资者

在国有商业银行改革中引入战略投资者，目的是通过资本融入引进先进的管理经验和风险控制技术，从而改善公司治理结构，实现股票市值最大化或股东权益最大化。发展研究中心夏斌认为，国有商业银行引入战略投资者主要目的不是为了钱，而是更应该看重战略投资者的管理经验、经营机制和先进技术。

但是，安邦集团陈功等人认为，目前一些战略投资者参股或控股国有商业银行，是出于财务目的而不是经营目的，也不具备国际银行业先进的管理经验，很难帮助国有银行改善治理结构。比如，入股中行的苏格兰皇家银行是通过"壳公司"进入的，只能算是一个"准战略投资者"；入股建行和中行的淡马锡是一个国家投资机构；曲线入股中行的李嘉诚集团是一个私人财团。因此，推进国有商业银行改革无法指望境外战略投资者。

高盛前执行董事胡祖六则认为，国有商业银行选择战略投资者，不需要"门当户对"。传统意义上的商业银行、综合性金融公司、私人股权公司、保险公司都可以成为合格的战略投资者。长期来看，传统的商业银行作为战略投资者可能会与所入股的国有商业银行产生战略冲突，而不只是甘心做一个小股东。

二、关于入股价格

目前，从协议价格看，建行分别以 1.15 倍和 1.19 倍的市净率（P/B 值）向美国银行等转让股份，中国银行约以 1.18 倍的市净率向苏格兰皇家银行等转让股份。这些价格均低于其他境内银行引入战略投资者的价格，加上与部分战略投资者的谈判时间短，有些人据此认为，入股价格偏低，是"贱卖"，没有真正反映国有商业银行的真实价值。

银行股权的最终交易价格在很大程度上取决于银行价值的大小。许多人指出，根据韩国、日本等国家的经验看，不同研究机构对同一家银行的评估价值差异很大，从而导致市场对最终交易价格是否适当的评价不尽一致。以建行为例，摩根士丹利估计，建行的市价总值约在 4030 亿元至 4750 亿元之间，中间值为 4380 亿元，约为 2005 年账面价值的 2.06 倍。高盛的研究报告则认为，建行的主要风险在于不良率持续上升、宏观经济硬着陆等风险将导致建行税后盈利减少 13%，并据此估计建行的合理价值约在 2817 亿至 3680 亿元，相当于 2005 年账面价值的 1.34 倍至 1.75 倍。两家机构的预测相差约 1000 亿元。

三、关于承诺性条款

各国银行在引入战略投资者的同时，都设置了一些承诺性条款。如在美国银行入股建行后，一旦发现建行发生重大财务变动或建行、汇金公司信息披露不真实，经裁决，责任属于建行或汇金公司的，建行或汇金公司将给予赔偿，赔偿金可能分别高达 5 亿美元和 25 亿美元，同时还要加上行使期权部分。又比如，如果在投资入股交割前，因为银行或政府原因改变上市计划或取消上市，由此对交割价格带来的影响或汇率上升形成的风险，除不可控因素外，完全由银行或汇金公司承担。

一些机构和专家认为此举不妥。主要理由有：一是战略投资者已经派人进行了尽职调查，不应当完全免责；二是按照合同对等原则，单方面签署赔偿性条款是否适当，值得研究；三是没有设置外方投资者应对银行改革和发展所尽义务承担相应责任的具体条款；四是不宜设置误导战略合作双方合作宗旨的类似条款。

承诺应该是双方的，国有商业银行应让外方股东在引进管理文化、团队精神和专业技术等方面做出承诺。根据建行的招股说明书披露，美国银行作为建行的战略投资者，为避免与建行发生业务冲突，决定在一定期限内停止在中国开办零售业务，并承诺在中国境内仅保留最低数量的分行，且仅对其全球公司客户提供服务，并派约 50 位专家无偿对建行提供战略服务。根据中行的合作协议披露，苏格兰皇家银行等承诺不扩大中国业务，同时双方将在交割日后 6 个月内讨论竞争回避问题。

四、关于期权安排

根据建行与美国银行的协议安排，美国银行在建行 IPO 两年内可按 IPO 价格购入建行股份，第 3 年至第 5 年以及第 5 年半行使期权的价格分别是 IPO 价格上涨 3%、7.12%、12.5% 和 18.1%，届时取这些价格与银行账面净资产 1.2 倍相比的高者。

这种期权安排，一方面是对银行出售股票价值的一种保护性措施，另一方面也意味着对银行股价的未来走势过于悲观。从实践看，上述期权安排给银行带来了巨额的股份收益损失。

胡祖六则认为，战略投资者对入股国有商业银行十分谨慎，各方看法并不一致。大多数国际金融机构非常看好中国经济发展的前景，对投资中国金融机构抱有浓厚的兴趣。但是，战略投资者不仅关心国有商业银行的信用风险、实际控制权的大小和多种投资工具，还十分关注中国银行业的外部环境、整体信用文化以及政治风险、法律风险等。鉴于历史的原因，中国国有商业银行在发展中还存在诸多薄弱环节，许多潜在的投资者心存疑虑。

五、关于同业竞争

银监会提出，在 2006 年底以前，国内中资银行资本充足率必须达到 8% 的死限，这迫使许多银行争相引进外资，互相竞争战略投资者和中介机构。陈道富认为，面对国内银行的恶性竞争，外资金融机构借机压价，提出了许多附加条件。

如果国有商业银行在选择战略投资者和中介机构的过程中相互恶意竞争，很有可能影响各自的上市成果，甚至影响到金融体制改革，事实上的确出现过此类现象。

六、关于总分行体制

国有银行普遍实行总分行管理体制，分支机构遍布全国各地，直至偏远乡镇，是一个极度分散的管理架构。总行有一定的控制能力，但是分支行的链条过长、范围太广，总行的控制能力毕竟有限。况且，分支行曾经一度有很大的管理权限，由此产生的历史问题也不容忽视。从金融案件发生的历史经验看，国有商业银行出问题主要是基层分支行，而且资金规模越来越大，动辄上亿元。许多不良贷款的产生，又往往与地方政府的干预密切相关。

香港证监会叶翔认为，片面地认为改革了总行的治理结构和风险体系，也就彻底地改变了银行的经营状况的观点是危险的。改革了总行，强化了总行的责任，而没有及时改革分支行，只会加剧总分行矛盾，使脆弱的总分行体制不堪重负。国有商业银行改革中针对分支机构领导层的权力制衡机制还未有效形成，制度化、多层次的问责制还没有正式建立起来。因此，国有商业银行改革需要首尾兼顾，齐头并进。

七、关于多家参股

按照分业经营分业监管的原则，银行业、证券业和保险业都分别制定了一家外资机构控股或参股多家银行、证券或保险的相关规定。银行业规定，一家外资机构原则上不得入股超过两家的中资银行；证券业规定，按照"1+1"原则，一家外资机构最多只能控股一家和参股一家基金管理公司或同时参股两家基金管理公司；保险业没有明确的数量规定，但在审批时由监管部门具体掌握。但是，对一家外资机构同时参股或控股银行、证券、保险并没有相应的总量限制。

事实上，一家国际金融集团同时跨银行业、证券业、保险业购买金融机构的现象越来越多。国际金融公司同时参股了兴业银行、民生银行、北京银行、上海银行、南京市商业银行、西安市商业银行等6家商业银行和新华人寿保险公司；汇丰集团同时参股交通银行、兴业银行、上海银行等3家商业银行、山西信托以及平安保险公司；淡马锡同时参股中行、建行、民生银行以及太平洋保险集团。

跨行业参股的结果是，在金融集团内部实现了混业经营，由此带来的关联交易、金融垄断、跨市场风险等问题值得关注。

八、关于信息安全

引入战略投资者以及中介机构设计国有商业银行改革模式，意味着将全部信息暴露在国外投资者面前，甚至包括客户信息和科技信息，这在信用卡业务领域表现尤为突出。

在实践中，许多外资银行对信用卡业务兴趣浓厚。花旗银行在入股上海浦东发展银行时，要求在信用卡业务上与浦东发展银行各持50%的股份，即在上海浦东发展银行下设独立的信用卡中心，双方分别派3人组成信用卡管理委员会。2004年2月，双方合作通过上海浦东发展银行近300家分支机构向全国发行了双币种信用卡。此前，汇丰银行在参股上海银行后双方合作发行了"申卡国际信用卡"，由汇丰银行向海外派发，持卡人在香港可享受汇丰银行的各种优惠活动。

苏格兰皇家银行在与中行的合作协议中，明确在法律允许的框架下与中行合资组建信用卡公司。据了解，中行经过艰苦的谈判，最终才确定由中行控股，持股比例为51%。

第四节 制度、行为与市场绩效

长期以来，国有银行在历次改革时，均以买断工龄等多种形式，解除低效率职工和冗员的劳动合同。由于劳动力市场尚不健全，失业保障制度尚不完备，这部分职工释放后再就业的概率很小，结果国有银行的低效率职工和冗员成为上访的主力，不断爆发群体性事件，演变成为社会的不安定因素。因此，国家对国有银行的选择性控制，还表现在限制国有银行低效率职工和冗员的流出，以维护社会稳定。这是国有银行为国家所作出的诸多贡献之一。"贡献"的代价是，国有银行长期无法建立有效的激励—约束机制。

长期以来，国有银行更多地把精力用于政治激励——作思想政治工作上。思想政治工作固然可以起到激励作用，但往往是花费了政治工作者较高的说服教育成本，作用的时间却很短。与此同时经济激励却受"平均化"和"论资排辈"的观念制约处于次要地位。

一、制度基础：签约、履约与解除合约

国有商业银行职工初始的劳动合约产权界定并不明晰。合约安排在制定之初，基本上由银行单方面做出，职工大多仅仅是履行既定的手续而已，内容也相对空泛、模糊，职工对此也不重视。

这种合约安排，产生了三个方面的问题：一是劳动资源配置问题。虽然在职工与银行的内部交易上，单方面的劳动合同使得职工与银行在岗位选择、报酬给予上谈判、协商的交易成本很低，但是会出现这种情况，不是职业适应职工的偏好和特长，而是职工的偏好和特长被职业"改造"，劳动资源使用上的自由选择权受到约束。二是收益问题。由于收入平均化倾向，做出突出贡献、

付出更多劳动时间以及具有较高劳动技能的职工，并不能获得相应的物质收益(常常替代以精神鼓励)。比如信贷部门，与个人努力程度密切相关的存款业绩、贷款业绩等获得的收益，常常采取均分的方式共享，个人收益权的排他性被忽视。三是退出问题。初始产权并未对职工在银行间自由让渡的退出成本做出明确的界定。退出成本的模糊，既可能构成职工离开银行的"退出壁垒"，同时又有可能在制度惩罚不力的情况下，为职工的主动性退出提供一定的寻利机会。比如国有商业银行的职工在获得实物福利——住房以后，选择退出另谋它职，如果银行规制不力，退出就具有一定的寻利动机。

根据科斯定理，如果职工劳动供给与银行报酬(待遇)之间的交易成本为零，则职工和银行初始权利的界定明确合法与否，与劳动力资源的有效性与否是无关的，但是一旦考虑到劳动要素进行市场交易的成本大于零，职工与银行双方合法权利的初始界定就会对经济效率产生影响。尽管单方面劳动合约安排的谈判、签约成本极低，但职工产权束中使用权、收益权以及让渡权是残缺的，这将直接影响到职工与银行的履约过程，或者说大大增加了履约成本，并进而在监督不力的情况下，影响到银行运行效率。

因此，在职工与银行签署了初始劳动合约后，我们进一步分析银行内部是否具有一个健全的激励—约束机制，一方面激励职工充分发挥相关知识和劳动技能，另一方面约束职工的供给行为，令其行为规范化。

在监督、观察成本不是太昂贵的情况下，当事人双方可以通过既有的预先签订好的合约安排，使报酬与观察到的不规范的劳动供给行为相挂钩。凡发觉劳动供给行为不合预定条款，则依据契约予以惩罚（重要的不是对已发生行为予以处罚，而是对未发生行为或欲发生行为予以约束和警示）。但是劳动合同是不完备的（即使完备也常常无法得到切实执行），不仅激励无法体现，而且约束也常常被淡化。

一般来说，国有商业银行体现约束功能的常用方法是对当事人进行政治思想教育，除非其对银行、对社会造成了严重损害，导致了极大的社会成本，需要受到严厉的制裁。这种约束机制仅仅是从思想意识形态角度来处理这一问题。实践表明，这种办法在大多数情况下只能做到暂时有效，对大多数人来说常常是无效的，相反却花费了政治工作者相当高的说服教育成本。

值得一提的是，从 1998 年开始，银行内控制度发生了一个较大的变化，即约束机制强化了，实行贷款责任制，且具有追溯力，谁发放的贷款谁负责，毋论升迁还是调动。

但是激励机制如何建立仍然没有解决。这是转型经济中典型的国有商业银行特征。在一定意义上说，国有商业银行的问题，不能全部归因于约束机制，激励机制也是一个重要原因。

经济激励既然是一个经济问题，其根本的解决办法当然得主要依靠经济手段，其它手段只能是一种辅助手段。其它手段不但无法替代经济手段，而且常常产生负的激励效果。由于长期以来的平均主义偏好，大多数国有商业银行只要职工不犯大的错误，就一视同仁发给一致的、等额的工资和奖金，以工作时间的多少为计量标准，只考虑劳动时间的投入，而不顾及劳动投入的多少，譬如以几年、十几年工龄的长短，作为定岗定级的重要指标，并占较大的权重，一致默认"论资排辈"，而淡化每个人或具体的经济个体的工作效益的多少，忽视经济手段在激励机制中应有的作用。

这样做的结果是维护了所得上的平均和整齐划一，却为各种不规范的劳动供给行为提供了契机。平均化的结果不可避免会产生"免费搭车"行为。由于事实上的所得一致、等额，而毋论个人的贡献大小，因此每个人自身既不愿付出较高的努力程度，更不会花费高额的信息成本和有充分的积极性对他人的相关行为和努力程度予以监督，其结果只能是普遍的不规范的劳动供给行为致使经济运行机制低效率。

激励—约束机制功能的不健全，对银行而言，意味着其利润损失不仅仅来源于资源低效率配置，还来源于银行内部经济个体的不规范的劳动供给行为的作用。而对职工而言，则意味着其收入损失不仅仅来源于银行漠视其劳动的自由使用权(最优配置)带来的低效率劳动供给，还来源于其劳动的边际收益远小于其边际努力程度，以及由此引发的主动性的低效率劳动供给。因此无论是银行还是职工作为理性的自利者都将试图打破旧有的制度安排和资源配置格局，以期寻求新的有利于实现帕累托改进的途径。

除了寻求健全的激励—约束机制而外，在这种情况下，银行和职工之间的合约安排应该有两条途径可循：一是银行裁减、辞退不规范劳动供给行为的职工，即职工被动性退出银行；二是职工主动性退出(辞职、跳槽)。如果两条途径得以实行，那么资源配置即便在现有的制度约束下依然可望达到改进。

国有商业银行职工与银行之间有着一个暗含的合约，即他们很难被解雇。作为交换，国有商业银行的职工接受比市场均衡价格低的工资水平，同样也为他们的"未来兑现"的养老金和医疗保险付出了代价，即扣除工资。在这样的政策安排下，职工一旦被辞退，损失会很大。也正因为如此，银行辞退职工的代价将是昂贵的，银行不仅要支付职工未来的货币化收入，可以保障其生存，而且要支付一定的违约成本，表现为福利支出。两者加起来，银行解雇职工的成本很大。同时政府为保持安定团结的政治局面，在制度上也会对银行裁减职工持限制态度。

既然银行很难裁减解雇职工，那么职工是否能够自由退出银行呢？对此，我们必须明确三点：一是职工主动性退出的诱因是劳酬不相符。统计数字表明，我国银行业的工资水平普遍高于其它行业，但是在行业内部国有商业银行职工的货币化收入要远低于其它银行特别是外资银行的职工。劳酬不相符的感觉来自于国有商业银行职工与同行业其他银行职工进行的收入攀比。二是职工主动性退出是可能的。如果在劳动合约安排上职工产权权能是残缺的，不具备自由的让渡权和自主的选择权，或者说主动性退出的成本表现为无穷大，那么也就不存在主动性退出行为。三是经济主体有主观上的退出意向。如果经济主体甘愿安于现状，无意于退出，也同样不会产生主动性退出行为。

二、经济行为：交易主体与最优选择

鉴于劳动力的异质性和劳动供给的差异性特征，我们对国有商业银行的职工群体划分为三类：冗员、低效率职工、高效率职工。

冗员并不等于低效率职工。冗员的存在造成了银行隐蔽性失业，使得银行的劳动边际生产率降低，人均收入降低。但是由于冗员尚具有一定的工作技能和相关知识，其另谋出路的机会也会多一些。一般来说，冗员的数目与辞职的意向是正相关的[1]，冗员越多，职工的收入越低，冗员的边际成本也就越大于其边际所得，冗员也就越感到劳酬不相符无法达到其收益最大化，而愿意离开该银行的职工也越多。因此冗员往往一有机会就主动离去，寻找新的工作，以期达到边际努力等于边际报酬。

---

[1] 参见：潘振民、罗首初，1995：《社会主义微观经济均衡论》，上海三联书店。

对银行而言，冗员的流动对银行的效益影响很小，相反对成本的影响相对较大。冗员的减少，会相应地减少银行工资成本的支出，而同时并不会影响银行产出的变化，从而增加了银行的利润，提高了本银行的人均收入水平。因此银行一般对冗员的流出不加限制，抱以听之任之，甚至鼓励的态度，进而在冗员与银行的劳动合约安排的解除上，谈判成本极低，银行甚至为冗员积极探索新的合约安排，如"在职求学"等，鼓励冗员退出银行。

对银行而言，低效率职工带来的损失是远大于其提供的产出的。一方面低效率职工带来的低效率的"示范效应"十分严重。由于低效率职工在收入上努力向高效率职工攀比，使得银行劳动的实际供给水平小于名义供给水平，结果是名义报酬支出水平与实际劳动供给水平不相符，并因此而极可能引发全部职工劳动的低效率供给。另一方面高效率职工会不满。因为低效率职工的低效率行为导致银行效益减少是由全体职工共同承担的，而同时低效率职工的所得并不减少。因此银行基于上述两方面的考虑，积极主张重新配置低效率职工，比如通过内部交易、重新配置的方式予以缓解，当然最主要的解决办法是辞退、裁减，以期提高效率。

而对低效率职工而言，一方面在本银行内可获得大于实际供给的实际报酬水平，即有一部分收入是无偿取得的，且失业和竞争的压力很小；另一方面，因其效率低下，另谋出路或者说再就业的机会很小，重新就业的培训成本也较大，因此，他们更愿意留在银行中。

对国家而言，国家将会限制低效率职工的流出。由于劳动力市场尚不健全，失业保障制度尚不完备，这部分职工释放后再就业的概率很小，势必演变成为社会的不安定因素。因此，国家从整个大局出发，为维护社会的稳定，将有条件地限制这部分职工流向社会。

由于冗员的存在，使得银行的劳动边际生产率低于工资水平，分享了银行的经济成果，从而降低了高效率职工的所得份额。同时由于低效率职工的滞留，低效率职工的低效率劳动供给导致人均收益减少。因此通过同行业内不同银行间对比，高效率职工会感到劳酬不符。在这种情况下，高效率职工可以有两条出路：一是主动减少实际劳动供给，使劳酬相符。这种行为很大程度上也是受低效率职工的影响。但是这样做，高效率职工的收入将减少。另一条出路是离开银行。但是与冗员和低效率职工的退出不同，银行会对高效率职工的退出设置一定的"退出壁垒"，以阻止其退出。

高效率职工的离去，一方面会使银行的人均收入更低，因为高效率职工的退出对银行产出减少的影响，要远大于对银行成本减少的影响，银行利润下降，人均收入降低；另一方面高效率职工的初始流动所带来的示范效应，可能引致后续性流动，即高效率职工(以及冗员)的纷纷仿效，相继离去，从而使银行的平均劳动生产率水平急剧下降。银行出于上述两方面的考虑，将尽量限制高效率职工的流动。据前文所述，单方面的劳动合约安排使得银行与职工的初始产权界定模糊，在偏好选择上倾向银行，银行可以在合约安排上为高效率职工设置层层壁垒，提高谈判成本。如果职工放弃谈判的权力，自行离去，单方面解除劳动合约安排，那么现行的档案管理体制将对职工的未来发展构成约束，职工无非是将谈判成本延迟了而已。

但由于退出制度并不健全，况且制度的执行者既没有动力也没有压力去积极有效地维护银行的利益，设置所谓的"退出壁垒"，限制高效率职工的退出，大多数时候，银行对高效率职工的退出保持沉默，很少进行谈判。最终，高效率职工退出所带来的实际制度惩罚成本很低。

不过，高效率职工的退出仍有可能受到"制度损失"，主要是福利损失。由于国有商业银行职工以低工资为代价换取的是"退休金"(养老金)以及"医疗保险"等承诺，而职工对上述福利是支付在先，享有在后的。一旦职工离开银行，就等于职工单方面撕毁合约放弃上述福利条款，其损失是巨大的。

反之，如果福利是享有在先、支付在后，"制度损失"又可能反过来成为"制度收益"。比如住房，职工需要在工作一定的时间后方有权享受，但一旦获得就意味着提前享受，可以以未来的低工资予以支付。尽管名义上职工对这些实物福利的享有具有不可分解和不可移动的特点，仅限于"单位"内。但实际上，一旦离开"单位"，这些实物福利如何解决尚没有一个明确的规定。规定模糊，就意味着，这些实物福利有可能变成职工退出的"制度收益"。由于前述退出制度是不健全的，职工退出银行后实物福利的"退或买"是模糊的。即使制度是健全的，也很难得到有效执行。这样一来就为职工的退出提供了寻利机会。银行对职工退出的制度监管乃至惩罚不力意味着，职工可以在获得部分实物福利后选择退出，比如在分到国有商业银行的住房后再跳槽到其它商业银行，或外资银行，而只需支付很少的制度惩罚成本，甚至是零成本。同时在其它商业银行的未来所得又完全可以弥补"退出"后的其它福利损失。较低的制度惩罚成本以及较高的外部收入刺激，诱使职工选择获得实物福利后退出。

尽管冗员、低效率职工以及高效率职工对留在国有商业银行还是离开国有商业银行有各自不同的选择，但是由于劳动供给是不足的、不规范的，职工都有可能会同时选择另外一条途径，即"在职谋利"，以期在现行制度约束下实现收益最大化。所谓"在职谋利"，是指在银行就业并完成本职工作的同时，受利益驱动，寻找获利机会。前文所述，由于冗员的存在，人均劳动供给出现富余，职工有时间有精力在工作以外支出劳动，同时由于制度监管不力，劳动者不规范行为是存在的，这样一来就为职工"在职谋利"提供了机会。比如国有商业银行的许多职工买卖股票等等，都是"在职谋利"。甚至可以说，金融系统贪污腐败案件增加、金融犯罪率上升等等都与此不无关系。

上述分析是建立在职工追求利益最大化这一假设前提下的，如果在职工的效用函数中，"工作稳定"、"压力较轻"、"闲暇"等占有较大权重，或者基于对退出风险的考虑，职工有可能宁愿维持现状，或选择"在职谋利"。

三、市场绩效：利还是弊

进一步分析，上述经济行为会对银行、社会产生什么影响呢？可以肯定的是，无论选择退出、不退出还是"在职谋利"，都将对市场绩效产生影响，以下逐一分析。

先看"进入部门"——其它商业银行（包括外资银行）。"进入"部门在与职工签订劳动合约时，产权界定清晰，不存在任何非市场性的进入壁垒和退出壁垒包括政策性壁垒。同时进入者一般为国有商业银行的高效率职工，具有较为丰富的实践经验和较高水平的劳动技能，在"进入"部门健全的激励—约束机制下能够高效率地完成合约安排的内容，为"进入"部门创造高效率的产出。通过吸收国有商业银行职工进入，利用国有商业银行职工在原单位职位上创立的便利条件，"进入"部门可以以较低的成本获得稀缺的资源和信息，从而也有利于全社会"资源共享"以及营造公平的竞争环境。

对"退出"部门——国有商业银行而言，则恰恰相反。由于在国有商业银行，高效率职工的劳动供给对产出的影响是巨大的，高效率职工无论是选择离去，还是"在职谋利"，对国有商业银行都是不利的。从一定意义上讲，上述两种选择行为都不同程度地加重了国有商业银行负担，甚至是以国有商业银行的亏损为代价的。

首先，如果高效率职工选择离去，那么，不仅由于其自身的离去降低了国有商业银行的收益，而且由于职工离去的示范效应会带动其他职工的后续性流动，进一步降低国有商业银行的收入，人均收入随之降低。人均收入降低将对劳动供给产生"负激励"，进一步鼓励高效率职工退出。从而形成了国有商业银行职工退出的恶性循环。如果国有商业银行职工选择在获得住房等实物福利后退出，国有商业银行在承担了职工的福利负担后，并没有得到相应的劳动供给，福利成本支出增加，劳动供给不增反降，甚至带来国有商业银行的亏损。

反之，如果高效率职工选择"在职谋利"，则由于收入分配的平均化倾向、非规范化的默认合约的存在以及激励—约束机制功能的不足，受利益动机的驱使，经受两个部门迥然不同的利益刺激，"在职谋利"者将倾向于在国有商业银行内部尽量减少劳动供给。由于国有商业银行的职工减少一点劳动供给所减少的收入，要远小于其"在外谋利"增加一点劳动供给所获得的收入的增加，因此"在职谋利"者只需在国有商业银行维持一定的较低的劳动供给水平，就足以生存，而将更多的劳动供给支付给"在外谋利"，以获得更多的隐性收入。通过调整劳动供给的分配比例，"在职谋利"者力图付出最少的劳动而换取最大的利益。由于在国有商业银行，高效率职工的低效率劳动供给对产出的影响是巨大的，"在职谋利"的结果会大大降低国有商业银行的收入，进而降低全体成员的人均收入，甚至带来国有商业银行的经营困难。

最后，从全社会看，在"进入"部门，高效率职工以相应的劳动边际生产率获得相应的工资率水平，供求均衡。而在国有商业银行，供需决定的均衡点则在"进入"部门均衡点的右下方。在这种情况下，同一劳动力在国有商业银行与其它商业银行的价格差额由两部分组成：一是劳动边际生产率的价格差异，二是同一劳动力在两部门之间的劳动边际生产率差异。前者对于高效率职工而言，构成了收入上的损失但对全社会并非是一种损失。因为这个差额被政府拿去后，用于支付对低效率职工及冗员的高出部分的工资水平(即工资率大于劳动边际生产率部分)，是一个收入再分配过程。而对后者却不同，国有商业银行和高效率职工都没有得到这部分差额，对全社会而言这部分差额由于制度效率而白白损失掉了[1]。当然如果考虑到"效率工资假说"对冗员及低效率职工的作用，那么较高的工资支付也有可能激发冗员及低效率职工的工作积极性，从而促使他们提高劳动生产率，所产生的收益也有可能在一定程度上弥补制度效率损失部分，反之职工也完全有可能争相向出力最少的职工攀比，降低劳动生产率。

以上分析表明，职工从国有商业银行退出，可以充分利用高效率职工的闲置资源，并进而通过利益刺激，在"进入"部门提高职工的劳动生产率水平减少制度效率损失。但是这种劳动资源的重新配置是以加剧国有商业银行的困难为代价的，首当其冲受到损害的是国有银行部门的利益，并间接地波及到国家。[2]

---

① 参见：李实，1997："中国经济转轨中劳动力流动模型"，《经济研究》第 7 期。
② 参见：高玉泽，1999："经济转型期国有企业职工经济行为分析"，《管理世界》第 3 期。

第五节　简短结论

综合前几节内容，可得出如下结论：

（一）国有商业银行是中央银行实施金融控制的主要平台和对象。中央银行主要依靠国有银行的"领头雁"效应，来贯彻落实其政策意图。但国有银行与中央银行乃至政府的决策目标函数之间并不完全吻合，许多时候是相互冲突的，这成为中央银行对其实施金融控制的理由，却有悖于国有银行的市场化发展路径。

（二）国有银行改革的设想最早于 2002 年启动，直至今日仍有三家政策性银行在筹划之中。在此过程中，改革的路径、策略、模式等诸多探索，既须得到国际认可，又须得到社会理解，如何不走弯路，实现收益最大化，无不凸显智慧和勇气。回过头看，对这一改革的金融控制是成功的，这不仅在于国有银行最终走出了"技术性破产"困境，还在于选择的时机是成功的，恰好在 2008 年国际金融危机爆发前基本完成改革，增强了抵御危机能力，避免陷入新的困境。

（三）国家通过限制国有银行低效率职工和冗员的流出，以维护社会稳定，但损害的是国有银行的激励—约束机制。既要保持对国有商业银行的控制，又要推进国有商业银行市场化改革，首要的是健全激励—约束机制。

（四）2004 年以来，随着国有银行逐步实施股份制改革，公司治理结构逐步完善，国有银行高管人员薪酬机制发生了较大变化，普通员工薪酬亦有大幅提升。2004 年到 2006 年，金融类重点国有企业高管人员薪酬平均年增幅为 30%。个别金融企业高管薪酬过高，引起了社会舆论的广泛关注。一是薪酬设计与业绩相关度不高。二是薪酬结构中基本年薪、绩效年薪和中长期激励的比例不尽合理，弱化了激励—约束效果。三是管理体制有待完善。财政部管资产，中组部和监管机构管干部，人力资源社会保障部核定薪酬总额，对国有金融企业高管薪酬缺乏统一有效的外部监管和统一的管理办法。这些问题仍未得到妥善解决。

第九章
金融部门 II：金融市场

长期以来，我国金融市场以间接融资为主，宏观调控主要关注贷款总量。在信贷配额限制下，一些关键领域、薄弱环节的贷款需求难以得到满足，这给中央银行信贷政策提供了发挥空间。随着市场化程度加深，金融改革逐步深化，直接融资比例逐渐上升，信贷政策开始关注金融市场的发展变化。

　　对金融市场实施选择性控制，主要是控制各个金融子市场的发展，以确保金融市场体系逐步由银行主导向金融市场为主、由单一银行体系向多边市场体系转变。在这个过程中，既要做大蛋糕，亦要注意切分蛋糕，即要实现金融市场总量扩张和结构均衡的双重目标。

第一节 金融市场结构性割裂

按照木桶理论，最短的一边，决定了一个木桶的容积大小。金融市场发展也是如此，一旦结构失衡，发展就会受阻。

表 9.1：2002 年至 2011 年直接融资与间接融资[①]

单位：亿元

	社会融资规模	贷款	企业债券	非金融企业股票
2002 年	20112	19117	367	628
2003 年	34113	33055	499	559
2004 年	28629	27489	467	673
2005 年	30008	27659	2010	339
2006 年	42696	38850	2310	1536
2007 年	59663	53046	2284	4333
2008 年	69802	60955	5523	3324
2009 年	139104	123387	12367	3350
2010 年	140191	123342	11063	5786
2011 年	128286	110251	13658	4377

金融市场的结构问题主要表现在三个方面：第一，直接融资滞后于间接融资，全社会的融资风险过度集中到银行体系。第二，债券市场发展滞后于股票市场，且整个债券市场相互割裂、不统一（见表9.1）。交易所市场与银行间市场分立并存。第三，货币市场、资本市场分割，资金不畅通、价格不统一。资金的期限配比、利率结构以及流动性与盈利性的结合，因市场分割而无法实

[①]说明：数字来自中国人民银行货币政策执行报告2012年第二季度。其中，贷款包括人民币贷款、外币贷款、委托贷款、信托贷款、未贴现银行承兑汇票。

现，这是整个金融市场发展中最为突出的问题。

金融市场的结构性问题与分业监管有很大关系。金融市场，其本义指的是金融交易或金融合同的市场，一般有几种分类，如期货市场与现货市场，资本市场与货币市场，货币市场与资本市场等。后两种分类，存在一定问题。首先，前者是按照期限划分的，但是期限本身就十分模糊，一笔交易合同的原始期限是固定的，但是剩余期限是长还是短则是可变的，况且短期融资到期可以转长期，长期资产可提前偿还，都淡化了期限。所以，许多国家已经不再重视期限标准。其次，第三种分类的标准，融期限与机构于一体，本身就不是单一标准，难免会有交叉区域。

由于分类模糊，在实行按业务、按机构监管的体制下，金融市场的子市场与相对应的监管体制无法匹配。结果很难形成一个统一、协调的金融市场，结构性矛盾突出。

在金融市场发展初期，制度建设至关重要，这是一个帕累托改进的过程，市场各方利益在这个过程中逐渐实现新的均衡。在发展中国家，这个过程的时间长短、成本大小、完善与否，不仅与经济增长程度有关，还与政府与市场的关系以及各个监管部门的职责息息相关。债券市场的发展最具有典型特征。财政部、发改委、人民银行以及证监会，甚至还有银监会，分别按各自职责监管，的确有利于各司其责，有利于市场发展初期的制度建设，有利于制衡，但在无形中割裂了一个完整的市场，形成了交易所市场和银行间市场。问题是，谁来协调市场发展，谁又有能力协调市场发展？

金融市场的健康发展，制衡很重要，协调更重要。要比较协调的成本与制衡的收益，判断孰轻孰重，就要科学地把握一个"度"。没有良好的制衡，市场很有可能会超前发展，会冒进，脱离经济增长步伐；过度制衡，会加大协调成本，会止步不前，延缓市场发展，成为木桶中的短边。

实际上，对整个金融市场而言，证券市场的发展具有较强的外部性，有两个问题值得关注。第一，货币市场如何与资本市场协调发展；第二，间接融资性质的信贷市场如何与直接融资性质的资本市场相协调。推进资本市场发展固然有利于解决金融市场的结构性问题，但是在监管分立的市场格局下，一定要注重均衡发展，不能解决了老问题，又产生了新问题。

第二节　直接融资市场均衡发展

要促进金融市场均衡发展，必须要解决各个金融子市场的结构性问题，在此基础上，协调各个市场之间的均衡发展。当前，重点是解决债券市场、股票市场以及货币市场等的结构性问题，确保这些市场均衡发展。

当前，债券市场的结构性问题主要是，市场投资主体投资债券市场仍然受到各监管方的管制从而造成市场分割，期限结构不合理、品种单一，债券收益率市场化程度不高，债券市场还没有形成一个有效的基准收益率曲线。发展债券市场，制度建设与市场创新固然重要，但核心问题是如何形成一个有效的基准收益率曲线。基准收益率曲线，包含了对当前经济走势的判断及对未来经济走势的预期，涵盖经济增长、通货膨胀、资本回报率等一系列经济指标，反映了债券市场长短期利率结构之间的关系。逐步建立一条科学、合理、有效的基准收益率曲线，才能确保债券市场健康发展。

股票市场的结构性问题表现在，缺乏一个健全的市场体系。当前，股票市场具有较强的歧视性、排他性特征，属于典型的风险厌恶型市场，并未按照风险与收益对称的原则设计。在结构上，是一个"倒金字塔"型，主板市场为主，创业板市场次之，三板市场刚刚筹建。高风险、高收益的企业无法通过股票市场融资。创业板市场也无法满足大量的中小企业融资需求。应尽快建立一个有差别的市场准入制度，形成一个分层次的市场体系，建立不同市场之间的转板机制，从而实现一个"正金字塔"型的股票市场。

货币市场的结构性问题主要是，票据市场发展滞后，货币市场交易品种结构单一，缺乏储蓄替代性产品。票据市场是货币市场的重要组成部分，是货币当局调控再贴现率的基础。总体看，票据市场一波三折，绝大多数是银行承兑汇票，没有融资性票据，一级市场发展快，二级市场不发达，缺乏专业的造市商制度。如何加强票据市场制度建设，逐步推出融资性票据，成立专门的票据金融公司，是我国货币市场发展中的重要工作。

第三节 直接融资与间接融资协调发展

要解决金融市场的结构性问题，必须在提高直接融资比重的同时，积极稳妥地降低间接融资比重，推动以银行为主的融资体系逐步转向以金融市场为主的融资体系。

首先，非借贷融资性质的竞争约束能够有效降低间接融资比重。根据梅耶斯提出的新优序融资理论，企业优先偏好内源融资，外部融资偏好债务融资，但是我国由于股权融资存在制度性缺陷以及股票市场的有效性低，企业更偏好股权融资。一是分红成本极低；二是几乎没有负动力成本，增发新股稀释了原有股东权重，但没有股权激励效应；三是几乎没有信息不对称成本，新股发行不会被视为企业经营恶化。由此吸引一些好企业，特别是大企业，积极寻求股权融资途径解决资金需求。这种非借贷融资性质的竞争约束，迫使商业银行从大客户、期限长、垄断行业转向中小客户，从传统的借贷业务转向中间业务、投资业务。当前，这种竞争性约束尚未形成，商业银行依然倾向于贷大、贷长、贷垄断。一旦非借贷融资性质的竞争约束形成，将促使商业银行随之转变，从而降低间接融资比重，推动金融市场均衡发展。

其次，商业银行可以成为直接融资市场的发行主体。一般认为银行业具有较为平坦的 U 型成本曲线，中型银行效率较高。实践表明，股份制商业银行效率最高，4 家国有独资商业银行以及大量的城乡信用社效率很低，如何提高商业银行经营效率始终是金融改革的重点。直接融资市场发展，为此创造了条件。一是商业银行可以以债权融资形式，通过发行金融债筹集资本；二是可以通过股权融资，发行股票上市。1998 年以来，国有商业银行市场份额有所减少，行业集中度下降，竞争度上升，市场效率提高，由市场势力导致的社会福利净损失减少，这与部分股份制商业银行优先上市，效率提高有很大关系。

再次，推行信贷资产证券化。实行证券化，把信贷资产转变成债券，具有重要意义。第一，降低了直接融资比重，提高了间接融资比重，仅住房贷款一项，如果绝大部分实行证券化，就可以为商业银行减少10%的长期资产，为债券市场带来巨额的融资量；第二，改善了商业银行的资产负债期限错配状况，降低了流动性风险；第三，证券化是依靠商业银行自身的信贷资产来消化长期资产，提高资本充足率，完全是市场行为。

最后，允许货币市场资金进入直接融资市场，缓解股票市场的流动性不足。当前，证券市场投资性强，流动性不足。主要原因是国家限制货币市场资金用于股本权益性投资，禁止货币市场资金流入虚拟经济。这在金融市场发展初期，有利于市场稳定，但割裂了不同性质的两个市场，阻塞了资金的流通路径，导致股票市场流动性不足。突出表现在证券公司以及上市公司兼并收购困难。兼并收购，所需资金量往往很大，依靠兼并方的自有资金很难实现，需要短期的过渡性融资渠道与工具。银行不贷款的结果是，重组行为或者受阻，或者成本高昂，效率低下，最终期待以兼并重组改善公司治理结构的努力失效。

第四节　存款保险制度

促进直接融资与间接融资协调发展，一个重要前提是建立一个有效的市场退出机制。多年来，行政接管的金融机构，没有一家彻底结束，都是悬案。破产才是终极之路。但银行破产的前提是必须建立存款保险制度。通常情况下，存款保险制度的主要服务对象是中小银行。如果不建立存款保险制度，小银行就不可能大规模地发展起来。只有建立了存款保险机制，针对不同经营质量的金融机构实行存款保险费率的差别待遇，并采取及时校正措施，才能建立起有效竞争、可持续发展的金融机构体系。

存款保险制度是保护存款人利益、防范银行挤兑、降低银行经营风险的一项基础性制度安排，是一个国家金融安全网的重要组成部分。吸取经济大萧条的教训，1934 年美国建立联邦存款保险公司，成为第一个建立显性存款保险制度的国家。20 世纪 70 年代以来，建立显性存款保险制度的国家逐渐增加。2007 年国际金融危机前夕，24 个金融稳定理事会成员中，只有澳大利亚、中国、沙特阿拉伯和南非尚未建立显性存款保险制度。国际金融危机爆发以来，一些国家纷纷提高存款保险限额，扩大存款保险范围，甚至实施临时性全额保险。

长期以来，我国对个人储蓄存款提供隐性保护，由政府全额收购个人在被撤销或破产存款机构的存款债权。这一政策维护了金融稳定，但是增加了财政负担，削弱了存款人的风险意识和对金融机构的市场约束，制约了货币政策的正常操作。建立存款保险制度，有利于正确引导存款人预期，增强金融机构的市场约束，减轻政府负担，增强货币政策的独立性和有效性，进一步促进金融稳定。

一、关于功能定位

存款保险机构、银行监管以及中央银行最后贷款人共同组成金融安全网。银行监管立足于通过审慎监管将银行破产的风险降到最低。中央银行最后贷款人要防止因一家银行的流动性不足而带来整个银行业的危机。存款保险机构通常具有三项职能：一是存款保险，对小额存款提供保险；二是银行监管，监控存款风险；三是处置倒闭的存款机构。

国际上，存款保险机构应具备存款保险和处置倒闭机构两项职能，但对是否应具备银行监管职能还存在一定分歧。巴西信用保障基金、印度存款保险和信用保障公司的许多专家认为，存款保险机构不应具备银行监管功能，以避免重复监管，增加银行负担；美国联邦存款保险公司、加拿大存款保险公司以及韩国存款保险公司的许多专家认为，由于监管体系中的一个潜在问题是普遍倾向于允许有问题的银行继续经营，不愿接受监管失败，有可能延误最佳的处置时机，因此存款保险机构应具备补充监管的职能，监控重点是关注风险指标，可以与银行监管机构形成互补。

存款保险机构是否具备监管职能，取决于所建立的存款保险机构的类型。根据国际经验，存款保险机构一般分为三种类型。第一类是"付款机"型。这类机构的职责是在银行破产或关闭后，对所承保的存款进行偿付。这类机构通常没有监管职能，主要起清算作用。第二类是"最低成本"型。这类机构也没有银行监管职能，但为花费最小成本处置问题银行，必须全面掌握银行信息。第三类是"风险最小化"型。要实现存款保险机构的风险最小化，就需要赋予存款保险机构对所承保的银行进行有限监管的权力，包括银行风险的评估和监测，特别是在银行关闭或破产前实施早期干预。加拿大、韩国等国家的存款保险机构是从"付款机"型以及"最低成本"型逐渐转向"风险最小化"型的，而匈牙利由于银行高度稳定，不良贷款率长期保持在2%以下，银行业平均权益回报率高达23%，存款保险机构正计划从2006年开始由"风险最小化"型向"付款机"型转变。

在金融安全网的三方中，存款保险机构与银行监管机构以及中央银行之间既互惠互利，也存在着潜在的利益冲突。一方面，银行监管越完善，存款保险的成本越低；但另一方面，大量的存款保险支出会由于道德风险的存在而降低监管质量。一方面，中央银行贷款会提高银行的临时流动性，从而降低存款保险的成本；但另一方面，如果中央银行贷款不能挽救问题银行，反而会加大存款保险的成本。据 IMF 统计，已建立存款保险机构的 83 个国家（或地区）中，有 48 个完全独立，有 21 个由中央银行管理。因此，要求金融安全网的三方必须明确责任，加强信息共享。

二、关于设立时机

国际存款保险协会主席萨伯林认为，应选择在银行业稳健运行的时候建立存款保险机构。此时，银行业已经摆脱了系统性风险，银行监管适当、有力，同时具备良好的法律基础和会计制度，存款保险制度能够最大限度地发挥促进金融稳定的作用。韩国存款保险公司、巴西信用保障基金的许多专家认为，可以选择在银行体系尚未完全脱离系统性风险的时候建立存款保险机构。理由是大量的银行不良资产不应由全体纳税人承担，在监管薄弱时存款保险机构可以起到补充监管的作用，可以提高对金融风险和问题银行的处置效率，同时，尽早积累存款保险基金。

从国际经验看，20 世纪 90 年代以前，许多国家，包括美国联邦存款保险公司以及韩国存款保险公司在内，都是在银行业出现风险时开始意识并组建存款保险机构。进入 90 年代以来，马来西亚等国家开始在银行业稳健运行时，就着手建立存款保险机构。萨伯林认为，如果在银行体系尚未稳定或正在经历大规模倒闭时引入存款保险制度，其促进金融稳定的作用微乎其微。

当前中国宏观经济稳定，银行改革逐步深入，汇率、利率市场化改革进程加快，银行业市场竞争更加激烈，一些机构不可避免地要退出市场，客观上需要存款保险机构发挥保险补偿和维持金融稳定的作用。过去银行关闭，依靠财政补偿存款人，花的是纳税人的钱，财政平衡有压力；依靠中央银行再贷款导致货币政策目标扭曲，容易诱发通货膨胀。建立存款保险机构，实行银行同业互保，可以发挥市场的激励—约束作用。

三、关于费率方式

从国际经验看，各国存款保险机构通常采取两种方式确定费率：一种是统一费率，即对所有银行实行相同的费率标准，不考虑每个银行对存款保险机构带来的风险；另一种是差别费率，即根据银行的风险大小确定不同的费率标准。

从两种费率方式的比较看，统一费率的优点是易于操作，可以支持中小银行发展，促进竞争。缺点是保费负担分配不公，相当于低风险银行变相补贴了高风险银行。同时，无法发挥费率的约束作用，不能有效控制道德风险，高风险机构有可能不顾风险盲目扩张。

实行差别费率的优点是，可以建立有效的激励—约束机制，有利于促进保费公平分担。但是，实行差别费率需要许多前提条件：一是较高的资本充足率，二是较高的监管水平和风险评估能力，三是合理判断发生损失和银行破产概率的能力，四是充分的信息披露，五是会计制度健全。此外，一旦公布不同银行的差别费率，还有可能出现"存款搬家"，导致高费率银行的资金被分流，出现支付困难。但如果不对外公布差别费率，差别费率的市场约束作用又很难发挥出来。

从国际经验看，一个国家在设立存款保险机构的初期，通常采取统一费率。但在积累一定经验后，最终都逐渐过渡到差别费率。如美国联邦存款保险公司在 1993 年以前一直实行统一费率，但 1993 年以后开始采取差别费率；加拿大在 1999 年以前采取单一费率，1999 年以后实行了差别费率；俄罗斯也考虑由统一费率转向差别费率。

无论是统一费率还是差别费率，在具体收取保费时，都面临着三种选择：是事前收取、即期收取还是事后收取。事前收取，是按期收取保费而不考虑银行破产的可能程度以及实际处置成本的多少。即期收取，是在实际处置时收取保费。这种方式意味着银行发生破产危机时，需要在短时间内承受较高的保费负担。事后收取，是先借款支付处置成本，事后收取保费偿还债务。在这种方式下，存款保险机构存在着一定的流动性风险和利率风险。从国际经验看，大多数国家通常采取事前收取的方式，可以保证及时处置问题银行，所积累的资金可以获得一定的投资收益。也有一些国家实行事前收取和事后分摊相结合的混合形式，如加拿大和波兰。

四、关于资金规模

存款保险机构的资金通常需要一个积累的过程。在设立初期，需要通过中央银行贷款、财政出资或发债等多种途径进行融资，以保证一定的支付能力。经过一段时间后，资金达到了一定规模，积累了一定的违约和损失记录等历史数据后，就可以估计违约概率等指标，进而选择是实行稳定的费率制度还是保持稳定的资金规模。

稳定的费率制度，意味着允许资金规模发生变化。存款保险机构完全可以根据风险状况收取保费，不需考虑存款保险资金的规模，保费可以充分反映风险状况。但是，具体费率水平必须能够及时满足处置破产银行的需要，同时不能给银行带来过多的财务负担。这种费率制度，要求存款保险机构具有较强的管理资金的能力。

稳定的资金规模，是通过不断调整费率水平，确保存款保险资金与所承保的存款之间维持一定的储备比例。在这种费率制度下，如果资金规模达到了规定比例，经营良好、资本充足率高的银行就可以免缴保费。但这种制度也有很大的缺陷：一是费率水平可能会出现过度波动，难以反映银行的风险状况。二是有可能背离经济周期。经济衰退时，银行业增长乏力，但保费却迅速增加。保费增加有可能进一步导致信贷收缩，从而加剧经济衰退。三是当资金规模达到了储备比例要求时，许多机构免征保费，这意味着许多存款保险资金是由过去的老机构提供的，新老机构之间出现了分配不公。

1989 年以前，美国联邦存款保险公司一直维持稳定的保费水平，允许存款保险基金发生变化。1989 年以后，开始实行 1.25%的储备比例。具体规定，如果储备比例低于 1.25%，联邦存款保险公司必须在 1 年内将储备比例提高到 1.25%；如果达到或超过了 1.25%，联邦存款保险公司就不得对经营良好的银行征收保费。目前，93%的机构都不需支付保费，其中 1100 家新机构从未支付过保费，新老机构之间明显分配不公。

近年来，随着中国经济金融快速发展，金融体系运行日益稳健，监管水平有所提升，建立存款保险制度的条件逐渐成熟。2007 年初，为贯彻落实全国金融工作会议精神，国务院批准由人民银行、银监会牵头，成立存款保险制度工作小组，研究建立我国存款保险制度。时至今日，存款保险制度的建立，长期在两种方案之间徘徊，即在中央银行内部设立存款保险基金，还是外设存款保险机构，以及存款保险机构是否有监管权，至今仍未有定论。

第五节　简短结论

本章可得出的简要结论主要有：

（一）总的来看，近年来我国金融市场实现了跨越式发展，逐步由单一银行体系向金融市场体系过渡。这一发展过程较为平稳，尚未出现大的流动性风险，市场主体也基本能够适应，是成功的。

（二）可以看出，在金融市场的发展进程、路径和方向上，政府进行选择性控制的痕迹较为明显。政府始终坚持循序渐进的原则，确保金融市场发展不会对国有银行造成大的冲击，相当于认同国有银行的稳定就是金融市场的稳定。这是市场培育的必然过程。至于时间尺度，则需综合考虑各方面因素，以确保预期稳定。但也需清楚金融市场发展的目标，即对于中国这样一个幅员辽阔的市场，直接融资与间接融资到底该是什么样的比例？金融市场的发展目标，是走英美金融市场主导型之路，还是走欧洲商业银行主导型之路？

（三）即便是转型期金融市场发展，在很大程度上还是应该交给市场力量来决定，发展和创新的动力应该让位于市场，自律组织应该能够发挥更大的作用。应厘清监管部门、市场主体、行业组织之间的责任，明确区分控制、监管、发展、自律等职能的定位，当然首要的是摆正监管者的位置，这也有利于确立监管者的权威和信誉。

（四）转型期政府的职能之一应该是健全机制，改革体制。计划经济体制遗留下来的体制机制弊端，渗透在各个角落，很难一下子彻底清除。改革和创新涉及诸多利益格局的调整，甚至牵一发而动全身，所以，必须"大胆假设、小心求证"，慎重而坚决，控制好节奏和尺度。

第十章
金融部门 Ⅲ：资产市场

对特定市场实施金融控制。主要针对房地产市场、资本市场、消费市场等三个市场，实施"歧视性"、"排他性"规则。这些规则是与西方国家中央银行一致的，不同之处仅在于作用范围与方式。

通常情况下，发展中国家的这三个市场，处于金融创新不足的发展阶段，选择性控制往往只能从鼓励"创新"开始，进而才涉及"控制"问题。这与西方国家这三个市场的创新过度、监管滞后的特征有很大不同。此次国际金融危机以来，这些领域特别是房地产市场的选择性控制，已经被纳入宏观审慎监管的范畴。

本章讨论房地产市场和资本市场的金融控制，消费市场的信贷控制将在后文分析。

第一节　资产价格、货币政策与选择性控制

　　资产一般包括股票和房地产，也有定义为股票、债券和外汇。

　　弗里德曼认为，货币需求除了与可支配收入有关外，还与非人格化财富、证券数量及其收益率密切相关[①]。钱德勒指出，货币与资产之间具有一定的替代性，当有流动性较大、相对安全的替代资产可供替代时，资产价格的变化将改变居民的货币需求偏好，货币需求将会相应地发生变化。一旦形成高风险溢价，存款将产生转移效应，转化为高收益资产，货币需求会相应地减少。因此，资产价格的变化对货币政策有重要影响。

　　第一，带来资金转移效应。资产价格的变化会对其它资产或部门产生传递效应。资产价格大幅度上扬时，大量资金从生产领域转向非生产领域，由实体经济进入虚拟经济，最终导致虚拟经济膨胀，出现"产业空心化"，虚假繁荣。

　　第二，导致物价上涨。资产价格是社会财富的一种存在形式。价格上升，意味着金融市场远期利率下降，储蓄的机会成本加大，如果投资渠道狭窄，居民将倾向于提前消费，扩大即期消费水平。价格上升带来"财富效应"，居民自认为财富增加，预期自身购买力上升，从而增加消费。这将推动商品价格的上涨。如果资产价格过快增长，有可能引发通货膨胀。

　　第三，扩大了金融市场的信用风险。货币市场上，资金借入方获得短期资金融通，进行资本市场运作，资产价格的剧烈波动，或过快涨跌，等同于把资本市场风险过渡到货币市场，再传递到银行系统。信贷市场上，资产常常作为可抵押资产予以贷款抵押，一旦资产价格剧烈波动，抵押率将随之变化，抵押

---

①参见：汉密尔顿·弗里德曼，1991：《费里德曼文萃》，北京经济学院出版社。

资产会出现不足，变现困难，给资产担保带来一定风险。

第四，影响到货币政策目标。资产价格变化迫使货币供应出现结构性变化，流动性增强，破坏了货币数量与物价之间的关系，使得货币数量管理出现困难。许多国家要么扩大数量控制的范围，要么转而采取价格控制，或重视价格控制。

第五，改变货币政策传导机制。货币政策的基本传导途径，是由银行系统传导到实体经济。如果资产价格过度上升，货币政策的调整将更多地被资本市场吸收，实体经济目标会受到影响。

总之，资产价格的变化使得货币政策调控陷入两难境地。当资产价格过度上升时（意味着资金从实体经济流出），如果货币政策意图是降低资产价格，假设采取一般性货币政策，提高利率，资金成本增加，资产价格有可能下降，但是实体经济将因此受到打击，实体经济萧条的结果是，资金有可能进一步流向资产市场，资产价格反而更有可能不会下降。当实体经济陷入萧条时，货币政策意图是刺激实体经济发展，假设采取一般性政策工具，降低利率，实体经济将得到有效发展，但是如果此时资产价格很高，利率降低的结果将是进一步刺激资产价格的上升，资金继续流向虚拟经济，货币政策陷入两难境地。

因此，在这种情况下，采取选择性而不是一般性货币政策工具，就显得十分必要了。在投机活动严重的时候，其它一般性政策工具作用的结果是遏制了整体经济活动，生产部门的活动下降进一步推动了投机。货币当局左右为难，所以在道义劝告没有效果的情况下，可以通过对证券市场或房地产市场实施信贷控制有效控制市场投机，而不影响整体经济活动。"这种选择性的政策措施对证券市场发展初期作用很大。"①

①参见：梅耶、杜森贝利和阿利伯，1994：《货币、银行与经济》，上海人民出版社，第477页。

第二节　证券市场选择性控制

证券市场信贷控制是货币当局为防止证券投机，稳定证券市场价格而设置的管制内容。证券市场的管制内容十分丰富，我们只考虑与信贷市场有关的内容，也就是如何控制信贷资金进入证券市场。

大多数国家的信贷控制方式，是确定一定比例的法定保证金比率，也就是要求借款人在购买某些证券时必须支付现款的比例[①]。比如，法定保证金比率为 60%，意味着证券的购买者只能向银行申请最高 40% 的贷款。法定保证金比率越高，银行贷款的比重越小，流入证券市场的信贷资金越少，反之亦然。货币当局通过调节法定保证金比率，控制证券市场资金，影响证券价格，以防止证券市场上的投机活动干扰货币政策目标。

我国的证券市场信贷控制与此有所不同。1997 年以前，严禁信贷资金以各种形式直接或间接进入股市，事实上是完全管制的。这样做，严格控制了证券市场上的资金总量，但是这也就意味着中央银行"主动"放弃了对证券市场价格的调节，失去了对整体金融活动的调控，失去了对证券市场投机活动的制约。2000 年 3 月，中央银行下发了《证券公司股票质押贷款管理办法》，允许部分资金进入证券市场。主要的调控手段是控制股票质押率。规定贷款期限最长为 6 个月，质押率最高为 60%，贷款利率最高上浮幅度为 30%，最低可以下浮 10%。核心指标是质押率。

质押率与法定保证金比率是不同的。首先，确定质押率并不意味着贷款可以从事股票买卖。其本意是弥补证券公司的流动资金不足，这是质押率与保证

---

①参见：周慕冰，1993：《西方货币政策理论与中国货币政策实践》，中国金融出版社。

金比率的根本不同之处。其次，质押率是针对质物做出的比例限制，保证金比率是针对所购买的某些已注册上市或未注册上市的证券做出的比例限制。再次，控制质押率要远比控制保证金比率困难得多。前者还需要设定警戒线与平仓线，需要实时监控证券价格，一旦上涨或下跌，要及时采取措施，银行的监控成本很大。而后者不需要时时关注证券价格，只需要关注借款人的整体信用状况就可以了。最后，由于前者贷款用途是弥补流动性不足，就意味着银行必须实时监控贷款用途，不得直接用信贷资金买卖股票。

据测算，通过股票质押这种方式进入股票市场的资金最多只能在 1000 亿元左右。主要依据是，截至 2012 年 4 月 30 日，111 家券商中有自营资格的券商约为 96 家，资本金总额约为 2076 亿元，根据规定，证券公司自营股票不得超过资本金的 80%，自营股票最高限额为 1661 亿元，按照 60% 的质押率，券商通过股票质押进入股票市场的最高资金量应该是 997 亿元，不足 1000 亿元。相比之下，2012 年 4 月 30 日股票市值约 30 万亿元，通过股票质押方式进入的资金最高额度 997 亿，仅占 0.33%。进入资金很少，就意味着中央银行可调控资金很少。仅仅依靠 1000 亿元的资金，要抑制过度投机谈何容易。

为什么不采取法定保证金比率的方式而采取质押率的方式呢？法定保证金比率 100% 与 80% 是不同的。目前，由于这样的制度设计，等同于法定保证金比率为 100%，即完全限制，供给弹性为零，但是这也就意味着放弃调控，因为只能单向调节，只能松不能紧。信贷政策本身所要调控的资金规模也许不一定很大，但重要的是要发出一种信号，表明一种意图，如法定保证金比率换成 80%，则可大可小，可松可紧，供给弹性很大，可以实现调控的目的。

限制贷款并不意味着就可以阻止资金流入。据测算，股票市场上信贷资金曾一度接近 1/3，限制近乎无效[①]。根据人民银行的一项调查显示，银行信贷资金主要是通过上市公司、非上市公司、证券公司和基金管理公司、投资咨询类公司（"私募基金"）以及居民个人等市场主体流入股市。2012 年，国务院发展研究中心研究员魏加宁在一次论坛上表示，大约有 20% 的信贷资金流入

[①] 2000 年，中国人民银行对信贷资金流入股市问题进行了专题研究，根据主体行为、流入途径等多种方式，对违规流入股市的信贷资金总量进行了估计。

股票市场，这意味着 2012 年 1 月至 5 月，大约 1.16 万亿元的信贷资金流入到股市。

信贷资本流入股市有两种渠道：直接流入和间接流入。直接流入股市，是指信贷资金直接由借款人入市。主要包括：（1）证券公司通过"股票连环质押"或"债券回购"等方式，利用信贷资金申购新股、配股或在二级市场上炒作股票。为了规避有关规定，证券公司在股票质押时，一是将质押贷款购买的股票向另一家银行再质押，二是与其它券商达成协议，联合质押，以扩大其可用资金量。（2）一些国有企业、国有控股企业或上市公司直接将其所获得的流动资金贷款，通过私人股票账户投资入市。（3）部分投资咨询公司、财务顾问公司等"私募基金"类企业，利用发展业务、购买设备等名义申请贷款，这部分贷款大多数直接流入了股市。（4）个人无指定用途的消费贷款。由于无指定用途的消费贷款由居民自行支配，部分贷款被直接用于炒股。（5）证券公司和基金管理公司进入银行间同业市场融入的部分资金。证券公司和基金管理公司利用"临时周转"等名目进行的短期融资，主要用于满足申购新股等临时性资金需要。（6）场外拆借资金入市。主要是一些银行机构与地方证券公司、信托投资公司进行的违规拆借。

间接流入股市，是银行资金违规进入股市的主要途径，其具体方式极为复杂。主要有：（1）转移信贷资金给相关企业，隐蔽入市。企业在获得银行贷款后，将信贷资金通过各种名目划转到大股东、母公司或有业务往来的"关系"企业，由这些企业投资入市，或者通过这些企业再将资金转移到其它相关企业、证券公司、"私募基金"，进入股市。（2）信贷资金以"委托代理"形式入市。一是委托理财，企业或个人将所获得的信贷资金委托给受托人，受托人一般是证券公司或"私募基金"，由受托人进行新股申购或二级市场炒作，收益和风险由委托人承担，受托人只收取手续费。二是"代客理财"，企业和个人与证券公司或投资咨询类公司签订代客理财协议，采用保底分红的形式，投资入市，风险共担。（3）非法协议贷款变相入市。部分企业通过与银行和证券公司达成某种协议或默契，由企业向银行借款，证券公司作担保，企业将贷款资金转到证券公司进行股票操作，盈利分成。（4）以"过桥贷款"的方式入市。在企业并购、企业上市或增发新股、配股过程中，由证券公司提供担保，银行向企业提供贷款。这部分贷款部分转化为企业的中长期融资，部分通过证券公司流入了股市。 (5) 信贷资金通过国有股和法人股的转让及配股方式流入股市。国有资产管理部门、企业往往间接利用银行信贷资金来缴纳、支付其国家股与法人股的初始投入，以及股份配售所需的款项。 (6) 与相关企业组建投资公司，转移资金入市。企业获得银行信贷资金后，以"预付款"、"应收款"等形式，将资金滞留在"关系"企业，利用该资金与关系企业新建投资类公司，进行股票投资。 (7) 利用银行承兑汇票，套取银行贴现资金入市。这是近年来银行资金违规流入股市的一个新途径。企业与企业之间、企业与证券公司之间，或者证券公司、银行和企业三方之间，事先达成某种协议或默契后，由出票企业在银行存入部分保证金，再由证券公司或关联企业提供担保，利用没有真实贸易活动背景的商业票据，开具银行承兑汇票。由关联企业到其它银行贴现（或约定回购），通过不断滚动的方式，套取银行资金。这些资金通过转入关联企业的投资帐户、证券公司或"私募基金"，大部分流入了股市。 (8) 通过"资金置换"的方式入市。"资金置换"是指企业或个人，将应该用自有资金满足的生产或消费所需资金投资入市，再用银行贷款来弥补生产或消费的资金缺口。

大量的信贷资金违规流入股市，说明证券市场信贷控制并未起到真正的控制效果。诸多金融创新或所谓的金融创新，"迫使货币当局离开古典的或传统的模式，认识到从前那些简单的原则已经不再有效而代之以一种更加强调就具体情况做出判断的做法"。①

---

①参见：考夫曼，2001：《悲观博士考夫曼论货币与市场》，海南出版社。

第三节　房地产市场选择性控制

据统计,在46场银行危机中,有2/3在危机爆发前发生了房地产泡沫破灭。在51场房地产泡沫破灭后,其中35场接着发生了银行危机。由此可见房地产市场选择性控制的重要性。2008年国际金融危机爆发,在很大程度上即始于房地产市场信用过度扩张。

一般说来,房地产市场信贷控制是货币当局通过控制最低付现额和最高偿还期,来控制这一领域的货币供应量的变动[1]。这实际上是消费信贷控制的一部分,是对住房消费的信贷控制[2]。美国货币当局于1950年实施,1952年就取消了。英国、法国、新加坡等许多国家仍然采取这种控制方式。

我国的房地产市场信贷控制与此有很大不同。前述房地产信贷控制基本上是一种需求管理政策,是对需求的信贷控制,我国的房地产信贷控制则是双重控制,不仅控制需求,还控制供给。主要有四种。第一种是住房消费信贷控制,第二种是房地产投资信贷控制,第三种是公积金贷款,第四种是住房抵押贷款证券化。

之所以有这样的不同:一个原因是,发达国家市场经济较为发达,信息相对对称,需求与供给相对均衡,中央银行只要控制需求,就可以有效控制供给,在我国则有所不同,由于市场体系不健全,信息不对称,或者经济主体的市场意识淡薄,仅仅控制需求很难达到控制供给的目的,只能双重控制;另一个原因是所面临的经济形势不同,西方国家实施消费信贷控制的目的是,试图

---

[1]参见:周慕冰,1993:《西方货币政策理论与中国货币政策实践》中国金融出版社,第240页。
[2]我国把个人住房贷款视为消费信贷,这与许多国家不同。许多国家的消费信贷统计中,是剔除个人住房贷款的,对个人住房贷款实行单独统计。

抑制通货膨胀，我国则是刺激消费需求，抑制通货紧缩，两者面临的经济形势不同，控制方向是反向的。

第一种住房消费信贷控制，是对需求的控制。1998年以来，主要是扩大需求规模，而不是限制。控制方式是兼有比例控制与期限控制，规定住房贷款首付款一定比例以及最高贷款偿还期。

第二种房地产投资信贷控制，是对供给的控制。控制方式是对进入房地产市场的信贷资金供给规模进行限制。一是主体限定，规定具有一定条件的主体方可借款；二是比例限制，规定房地产项目中信贷资金的比例，或者自有资金的比例。

第三种公积金贷款，是经济转型的产物，是"国家不相信公众能把自己的钱管好而主动代替公众管理公众的钱"而产生的一种贷款方式。贷款用途是用于住房消费。随着住房制度改革，这种贷款形式在住房消费贷款中占有绝对比重。

第四种住房抵押贷款证券化，是将缺乏流动性但其未来现金流可预测的住房抵押贷款进行组合建库，以贷款库内资产所产生的现金流作为偿付基础，通过风险隔离、资产重组和信用增级，在市场上发行住房抵押贷款债券的结构性融资行为。住房贷款因为期限长、贷款分散，符合证券化条件。实行住房抵押贷款证券化可以扩大个人住房贷款的资金来源，增强商业银行的贷款能力，可将银行独自承担的支付能力风险和利率风险分散给那些愿意且能够承受这类风险的投资群体，提高银行资产的流动性，调整商业银行资产负债结构，改善资产负债匹配。

2003年以来，中国从供给和需求两方面对房地产市场进行调控，大致经历了四个发展阶段：

第一阶段（萌芽阶段）：为防止房地产投资过热可能引发的风险，2003年，人民银行首次提出要对贷款购买第一套、第二套住房的信贷条件进行区别对待的政策。2006年，进一步明确个人住房按揭贷款首付款比例不得低于30%，对购买自住住房且套型建筑面积90平方米以下的执行首付款比例20%的规定。但贷款市场准入门槛仍然较低，贷款利率仍没有差别化对待，也没有严格区分住房投机与住房消费。

第二阶段（明确阶段）：为配合宏观调控解决局部地区出现的房地产热现

象，2007 年 9 月，人民银行明确提出，购买第一套住房贷款首付比例不得低于 30%（90 平方米以下不得低于 20%），贷款利率基准利率下浮 10%；而对已利用贷款购买住房、又申请购买第二套（含）以上住房的，贷款首付款比例不得低于 40%，贷款利率不低于基准利率的 1.1 倍，而且贷款首付比例和利率水平应随套数增加而大幅度提高。

第三阶段（危机应对阶段）：为应对国际金融危机，2008 年放宽了差别化住房信贷政策执行标准，支持居民扩大住房消费：一是贷款利率下限扩大为贷款基准利率的 0.7 倍，最低首付比例调整至 20%；二是支持改善型普通自住房，对居民首次购买普通自住房和改善型普通自住房的贷款需求，金融机构可在贷款利率和首付款比例上按优惠条件给予支持；三是对客户的贷款利率、首付款比例由金融机构在下限以上自主区别确定。

第四阶段（政策回归并从严调控阶段）：针对 2009 年下半年以来部分城市房价快速攀升现象，出台了一些差别化的住房信贷政策。一是加强土地储备贷款管理。督促银行业严格把握好土地抵押率，防止过度授信，原则上应大幅压低抵押率，确保土地储备贷款安全。二是加强房地产开发贷款管理。重点是严格控制囤地捂盘房地产开发企业、高风险房地产开发企业和大型房企集团的房地产开发贷款风险。三是强化房地产贷款投放的全流程管理。四是加强房地产贷款压力测试，要求各大中型银行按季度开展房地产贷款压力测试。五是开展"窗口指导"，加大风险提示力度[1]。

从美国和日本房地产泡沫危机中可以得出的一个重要结论是，"人口红利"峰值临近只是为发生恶性房地产泡沫提供了"肥沃的土壤"，但如果从"人口红利"转为"人口负债"、房地产价格飙升和贷款迅速增加这三者同时发生，就很有可能导致严重的金融危机[2]。中国正在接近"人口红利"峰值，房地产价格亦大幅上涨，贷款规模不断上升，有进入"危险水域"的可能。

必须指出的是，金融控制工具并不是房地产市场健康发展的充分条件，而只是必要条件。如果没有财政、税收等政策的共同配合，房地产市场将依然故我，选择性控制的影响将大大削弱。

---

[1] 参见：2011 中国金融发展报告。
[2] 参见：西村清彦，2012：在澳大利亚储备银行与国际清算银行联合研讨会上的演讲。

第四节　宏观审慎监管

2008 年以来的国际金融危机，引发了国际社会的深刻反思，20 国集团、金融稳定理事会、国际清算银行、国际货币基金组织等国际组织，普遍意识到解决金融体系的顺周期波动、资产价格泡沫以及防范和控制系统性金融风险的重要性。国际清算银行认为，经过此次危机洗礼，曾经被忽视的对资产市场的选择性控制，演变成为宏观审慎监管政策的重要组成部分。

宏观审慎性政策工具包括结构性和周期性两大类工具。结构性工具，包括提高银行的资本充足率和流动性比例、加强金融基础设施的抗风险能力。周期性工具，包括制定贷款 / 价值比（抵押率）上限、为银行制定动态损失拨备和逆周期资本要求等。

国际清算银行提出，实施宏观审慎政策有七条原则：一是判断系统性风险要充分考虑经济总量指标、监管指标和市场信息，二是研究金融机构和金融市场的内在联系，三是开发有效的后果实施工具，四是加强信息共享，五是成立专门机构承担监管职责，六是监管当局应有清晰的责任、目标和权力，七是管理公众预期。

一、宏观审慎和微观审慎

宏观审慎监管不同于微观审慎监管。比如，在资产价格暴涨时，应该首先控制信贷供给，但这可能与微观审慎目标之间会发生冲突。微观审慎监管可能倾向于认为，单一金融机构是安全、稳健的，况且一旦单一金融机构采取保守的信贷供给控制，是不利于市场竞争的。此举将加剧资产市场泡沫，不利于宏观金融稳定。宏观审慎监管政策及时介入，则可避免泡沫积聚。

因此，微观审慎监管和宏观审慎监管的不同之处在于，一个是关注金融机构的个体行为，以防范单个金融机构风险为目标；一个是关注金融机构的集体行为，以防范系统性金融风险、减少金融体系的顺周期性为目的。两者角色定位不同，均不可偏废。

二、宏观审慎和货币政策

传统上，中央银行是最后贷款人，即具有金融稳定的职责，但采取的措施多为事后补救。宏观审慎监管可以更有针对性地维护金融稳定。

争论的焦点之一是，中央银行是否应明确货币政策和金融稳定职责，并使用两套不同的政策工具实现这两个目标。丁伯根法则认为，使用不同的货币政策工具，能够比使用相同的货币政策工具更加有效地实现不同的政策目标。但在实践上，很难区分宏观经济政策与金融稳定政策之间的界限。越来越多的观点认为，在维护金融稳定上，应以宏观审慎监管政策为主，货币政策为辅[1]。

在次序上，确定何时选择运用宏观审慎监管政策、何时运用货币政策工具应对资产市场泡沫，并不容易。如果认为宏观病症是"普遍的风险错误定价"，那么开具的药方应该是货币政策。反之，如果宏观病症是"特定市场的特定病症"，那么开具的药方应该是宏观审慎监管政策[2]。国际清算银行的建议是，把宏观审慎政策作为第一道防线。首先，利用各种宏观审慎政策，消除市场上的乐观情绪（即相信房价还会上涨）；其次，果断采取货币政策工具，进行总量控制。

最棘手的问题是如何与公众沟通。必须让公众理解并相信，危险正在快速形成，打消公众的乐观情绪。当然，政府也一样容易产生乐观情绪，在错误的时间做错误的选择。

三、时机和力度

宏观审慎监管的执行并不容易，很容易引起争议。介入的时机对于能否有

---

[1]参见：伯南克，2011："此次金融危机对中央银行理论和实践的影响"，在波士顿联储第 56 次经济会议上的演讲。

[2]参见：戴维斯，2012：在中国银鉴会国际咨询委员会会议上的发言。

效实现宏观审慎的目标至关重要。过早介入，带来不必要的监管成本；过晚介入，则降低工具的有效性。

政府往往倾向于希望市场繁荣，在泡沫初期，要么认为市场能自行调整，延迟采取宏观审慎监管措施，要么力度太小，错过了治理泡沫的最佳时机；在泡沫后期，则往往过于悲观，存在用力过猛的危险，容易对整体经济冲击过大。这些时机均不易把握。

因此，信息的收集、整理、研判至关重要。

第五节　简短结论

本章内容小结如下：

（一）中央银行对房地产市场、资本市场实施的金融控制，其目的均是防范系统性区域性金融风险，防止两个特定市场出现过度繁荣，产生泡沫，而非解决其萧条问题。

（二）从 1998 年以来股价和房价的波动变化看，中央银行对房地产市场、资本市场所实施的金融控制，效果并不理想。在实践中，政府不得不多次直接出手干预，试图熨平资产市场价格，但预期目标并未实现。

（三）房地产市场、资本市场的金融控制，被纳入宏观审慎监管范畴后，因受制于时机、次序、力度乃至实施主体等诸多因素影响，有关政策机制仍需探索。

第十一章
信贷政策与信贷创新

信贷政策与信贷创新密不可分。从货币理论看，1998 年以来，"许多信贷政策手段，诸如允许房地产抵押贷款、助学贷款、证券公司进入货币市场融资、股票抵押贷款等，实际是金融制度革新"①。尽管上述论述对信贷政策的描述过于简单，但是很显然它说明了信贷政策与金融创新之间有着某种联系。

<hr/>

①参见：谢平，2000："新世纪货币政策的挑战"，《经济研究》第 1 期。

第一节 金融创新、信贷创新与信贷政策

关于金融创新的概念来自熊彼特的"创新理论",即创新包括引进新产品、采用新技术、开辟新市场、控制新原料以及引进新组织。学术界关于金融创新的研究文献繁多。综合有关文献,金融创新理论基本上可以划分为技术推进论、货币促进论、财富论、约束诱致论、规避管制论、交易成本论以及制度革新论七类。

金融创新形式基本上可以划分为狭义上的与广义上的两类。狭义上的金融创新,仅指金融业务创新。包括三种,第一类是负债业务创新,如教育储蓄、储蓄卡、大额可转让存单(CD)等;第二类是资产业务创新,如消费信贷、封闭贷款、银团贷款等,包括投资业务创新,如可转换债券、可变期限债券等;第三类是中间业务创新,如代理业务、银证通等。

广义上的金融创新,学术界主要有两种不同的划分标准。一种是按照创新的动因划分为:(1)管制性创新,目的是避开管制;(2)风险性创新,目的是转嫁风险或防范风险;(3)利益性创新,目的是追逐利益;(4)市场性创新,目的是抢占市场份额等。另一种是按照创新的形式划分为:(1)组织创新,包括金融体系以及金融机构内部的组织架构创新;(2)制度创新,指对金融的宏观调控以及对金融机构的监管制度创新;(3)市场创新,指的是对资本市场、货币市场等金融市场的创新;(4)技术创新,指的是 ATM 机等金融电子技术的创新;(5)金融业务创新,也就是狭义上的金融创新。

本章所指的信贷创新包括以下含义:

第一,本章的信贷创新不仅仅是信贷资产业务创新,还包括与信贷资产有关的,涉及到信贷政策以及信贷市场秩序的创新。比如委托贷款,在我

国，它长期以来被视为资产业务，但实际上应属于中间业务范畴；比如贷款转让，尽管它是投资业务，但是它与信贷资产管理以及信贷政策关系密切。

第二，信贷创新与信贷政策密切相关。在金融市场发展的初期，大量金融产品匮乏，创新严重不足，选择性金融控制工具无用武之地。因此，几乎每一项信贷政策的实施都伴随着一项信贷创新。如刺激消费需求的消费信贷，支持困难国有企业的封闭贷款，支持就业的小额信贷等。信贷政策鼓励、甚至引致了信贷创新，同时也可利用信贷创新实现自己的政策目的。

第三，1998年以来的信贷创新从创新动因上可以划分为两种，一种是诱致性信贷创新，一种是强制性信贷创新。诱致性信贷创新包括风险性创新与利益性创新两种，如委托贷款、保单质押贷款等；强制性信贷创新主要是政策性的信贷创新，包括租金类与无租金类两种，如封闭贷款、下岗职工小额担保贷款、国家助学贷款等。前者是金融机构自发的，后者是政府推行的，但并非强制推行。

1998年以来我国的信贷创新日益增多，主要有两个方面的原因。第一个原因是管制放松，金融机构有了更大的自主权和自由空间；第二个原因是重视需求。1998年以后，法制逐步健全，金融机构逐步根据市场需求开展创新，或避险，或趋利。尽管如此，信贷创新还是没有负债业务以及中间业务创新那样繁多、复杂。

第二节 诱致性信贷创新

诱致性信贷创新是金融机构的理性选择，而信贷政策是对这些选择的控制或约束。这里的信贷政策，是一种制度，是众人接受的规则，是集体行动对个人选择的控制和约束，同时，信贷政策本身也是集体行动的结果。这种信贷政策镶嵌在金融机构的各种创新选择中，力求在鼓励创新与防范风险之间取得平衡。诱致性信贷创新不产生租金，是一种理性的自发行为。中央银行并没有为此提供租金或者设计租金机制。这是它与强制性信贷创新的根本区别之一。

诱致性信贷创新包括两类，第 I 类是风险性的，第 II 类是利益性的（见表11.1）。前者目的是规避风险或者化解风险，后者目的是追逐利益。两者不同之处在于，前者是风险厌恶型，重视规避风险；后者是风险偏好型，重视获取收益。

表 11.1：部分诱致性信贷创新

		主要内容	创新动因
第 I 类	委托贷款	金融机构作为中介机构而不是贷款人，受委托人委托，代为发放、管理贷款	不承担风险
	担保贷款	寻求担保创新，引入第三方介入机制作为专门的担保机构提供担保，以此发放贷款	分散风险
	贷款转让	按照协议价格全部或部分转让信贷资产	全部或部分转嫁风险
第 II 类	银团贷款	几个贷款人按同一贷款协议对同一借款人发放贷款	解决资金不足，收益共享

一、第 I 类诱致性信贷创新

1998 年以来，风险类也就是第 I 类诱致性信贷创新占有重要地位。这与金融机构强调风险约束有关。1998 年前后，企业普遍经营困难，信贷风险上升。同时，金融机构风险意识空前增强，许多金融机构提出新增贷款不良率为零等指标要求。这一时期，金融机构不仅要防范增量风险，还要化解存量风险。所以风险类信贷创新增多。风险类诱致性信贷创新，主要包括三种，一种是委托贷款，一种是担保贷款，一种是贷款转让。委托贷款是不承担风险，担保贷款是分散风险，贷款转让是转嫁风险。

委托贷款，指政府部门、企事业单位及个人等委托人提供资金，由金融机构根据委托人确定的贷款对象、用途、金额、期限、利率等代为发放、监督使用并协助收回的贷款。截至 2010 年末，金融机构委托贷款余额 6162 亿元，占各项贷款余额的 1.29%，资金规模不大。委托贷款对金融机构来说，不承担风险，只索取中介收益。

委托贷款是转型经济中一条重要的资金融通渠道，它已经不是传统意义上的间接融资，而是一种变相的直接融资。

首先，资金需求者，即企业，可以通过它避开政府对债券融资的控制。通过委托贷款，进行定向筹资，不需要排队，不需要政府审批，等同于向特定群体发债。这一点对中小企业至关重要。因为中小企业直接融资渠道几乎没有改变，债权融资、股权融资都与中小企业无缘，间接融资，银行又不愿贷款，委托贷款恰好可以解决中小企业的融资难。

其次，资金供给者，即委托人，可以通过它解决投资渠道狭窄的问题，避开政府对利率的控制，可以获得更高的投资收益。按照一年期商业贷款利率 6%，再上浮 30% 计算，委托人最高可以获得 7.8%，远远高于同期存款利率 3% 的水平，甚至比信托产品的预期收益率还要高 1 ~ 2 个百分点。而对借款人来说，7.8% 的利息负担是远低于 20% 的民间借贷利率水平的。

最后，对商业银行来说，不需要承担委托贷款的风险。从法律关系看，委托贷款的债权人是企业而不是金融机构，即企业是贷款人。企业利用金融机构对贷款的管理资源对另一企业发放贷款，金融机构所获得的收益是因其提供了贷款服务，而非成为贷款人。企业实质上是贷款人，只是目前法律明确禁止

"企业之间直接借贷"，要贷款必须借助金融机构。

委托贷款有很多问题没有解决。一是委托存款。许多委托人在存款时就声明该存款是用于发放委托贷款的，甚至是多个存款人对一个借款人，一旦产生纠纷，就要涉及到债权分割问题。二是借款人的确定。按照委托贷款的定义，借款人完全由委托人确定，但是，许多委托人希望贷款人代为选择借款人。三是委托资金的来源。没有明确委托的资金是否必须合法，以及信贷资金能否用于发放委托贷款，实践中已经遇到了这样的情况。

表 11.2：1998 年以来主要担保贷款创新

		主要内容	创新动因
质押贷款	应收账款质押贷款	以应收账款为质物发放贷款（无追索权与有追索权）	盘活应收账款
	存单质押贷款	以定期存单、国库券等为质物发放贷款	存单质押，弥补短期流动性不足
	法人担保贷款	由自然人为法人提供担保发放贷款	由有限责任变为无限责任
	保单质押贷款	以有现金价值的保险单为质物发放贷款	报单质押，保险公司定向赎回
保证贷款	互助性（商业性）信用担保机构担保贷款	由专门的互助性或商业性担保机构提供担保的贷款	解决担保难，分散贷款风险

担保贷款，指抵押贷款、质押贷款、保证贷款三种。抵押贷款创新主要是强制性信贷创新，是放松管制的创新，如住房抵押贷款、汽车抵押贷款等；质押贷款主要有应收账款质押贷款、法人担保贷款、保单质押贷款、存单质押贷款等；保证贷款主要是指互助性或商业性担保机构担保贷款。无论是抵押贷款、质押贷款还是保证贷款，目的都一样，都是在防范风险的前提下，追逐利润。担保贷款成为创新的主要领域，与信息不对称、信用制度不健全所导致的贷款风险不确定有关。1998 年以来，金融机构信贷创新的主要品种就集中在担保贷款领域（见表 11.2）。担保贷款创新又主要集中在质押贷款创新。

贷款转让，是指在贷款存续期内，贷款人转让贷款债权或借款人转让贷款债务的行为。也就是说，贷款转让包括两种，一种是债权转让，一种是债务转让。按照有关法律规定，前者需要告知借款人，后者则必须征得借款人同意。长期以来，法律有规定的贷款转让只有一种，即不良资产的转让，是一种完全的政府行为，所规定的名词是"剥离"。被剥离者与剥离者都是特定的对象，即 4 家国有独资商业银行与 4 家资产管理公司。2002 年，民生银行提出信贷资产转让，经中央银行批准，开始了真正市场化的贷款转让。

为什么要实行贷款转让？第一，可以降低不良贷款率，通过协议价格折价售出已经不良或即将不良的贷款，贷款不良率会因此而下降；第二，可以合理配置资产负债比，贷款转让为金融机构提供了一个可以主动调节资产负债比例的途径；第三，贷款转让是资产证券化的前提，要实行证券化，首先要允许贷款转让。

二、第 II 类诱致性信贷创新

第 II 类诱致性信贷创新是追逐利益的信贷创新。1998 年以来，这类信贷创新不多。主要原因在于，负债业务与中间业务创新快速增加，非利息收入增加，降低了利润率对利差变化的敏感度。这导致了两个结果，一个结果是，银行逐渐重视非贷款业务，贷款比重逐渐降低；另一个结果是，贷款越来越关注风险，而不是利润，利润来源部分被中间业务取代。所以，信贷领域风险类创新增加，利益类创新减少。

利益类诱致性信贷创新与风险类诱致性信贷创新并非截然分开、迥然不同，而是相互联系的，是金融机构对风险与收益的权衡。有时很难分清何者是利益类，何者是风险类。1998 年以来，最为重要的利益类诱致性信贷创新是银团贷款。

银团贷款，是指多家金融机构采用同一贷款协议向同一借款人提供资金的一种贷款方式。美国的银团贷款市场非常发达。美联储在 2000 年 8 月进行的一项调查显示，超过 3 / 4 的在美外国银行银团贷款总数占其工商贷款总额的 50% 以上，1 / 4 的美国银行银团贷款占到了其工商贷款的 50%，小银行几乎不涉及银团贷款领域[1]。截至 2011 年末，中国银行业协会相关会员单位的银团贷款余额 3 万亿元，同比增长 22%，自 2005 年以来年均复合增长率达到 53%。我国银团贷款主要集中在国开行以及五大国有商业银行。但是相对于国外成熟市场，我们的银团贷款在全部公司类贷款中占比还不到 9%，差距还是

---

[1]参见：苏幼红，2001："美国银团贷款市场的新特点"，《国际金融研究》第 8 期。

比较大的。而在区域上，主要集中在长三角、珠三角和环渤海地区。行业方面又偏重国资背景的大型企业、交通运输、水利等等，很少涉足高新技术、环保产业及民生领域或中小企业。

我国银团贷款不发达，可能有三个原因。第一，受到贷款不得用于"权益性投资"的限制。银团贷款市场一般分为两种，一种是杠杆银团贷款，一种是投资银团贷款，前者近几年比重上升很快。但是由于我们规定"信贷资金不得用于股本权益性投资"，等于禁止了杠杆银团贷款。

第二，银团贷款缺乏流动性。这导致它与其它工商业贷款并无区别，缺乏吸引力。比如美国，银团贷款的主要参与者都设立了交易柜台来增强银团贷款的流动性。1999 年，全美有 35 个银团贷款交易柜台，总交易量 650 亿美元，与 1995 年相比上升了 1 倍[①]。银团贷款的流动性之所以重要，有两个原因。一个是因为银行本身对贷款的管理，可以不再采取"一旦发放或购买则持有到期"（Buy and Hold）的政策，而是可以对整个资产结构进行管理；第二个原因是，机构投资者将贷款纳入其总体投资组合中，对贷款的流动性要求提高。

第三，没有对银团贷款实行证券化。这同样导致它与其它工商业贷款并无二致。1996 年，第一笔银团贷款衍生品抵押贷款债券（CLO）出现之后，几年来国际上有相当一部分银团贷款被证券化。CLO 不仅在共同基金、保险公司和退休基金等机构投资者中很流行，对商业银行本身也很有吸引力，因为这些资产不用在表内显示，从而降低了银行风险资本金要求。由于贷款结构单一、期限单一、对象单一，与住房贷款相比，银团贷款更有条件率先实行证券化，在设计上要远比住房贷款简单易行。如果实行证券化，对银团贷款市场而言，将是一个很大的促进。

---

① 参见：苏幼红，2001："美国银团贷款市场的新特点"，《国际金融研究》第 8 期。

第三节　强制性信贷创新

与诱致性信贷创新不同，强制性信贷创新是政府作用的结果。强制性信贷创新的产生有两个原因，一是政府出于信贷政策目的努力推行，一是放松了信贷管制。1998 年以来，强制性创新占主要成分（见表 11.3）。这与过渡时期政府介入、信贷管制有关。强制性信贷创新并非是政府强制推行的。它是指由政府控制的信贷创新，而不是由金融机构自发开展的创新，包括两类，第 I 类是租金类，第 II 类是无租金类。前者是政府通过设定租金，以创造租金的方式，引导金融机构参与租金配置，达到政策目的；后者则是无租金，是为实现政策目的而放开管制的创新。

表 11.3：1998 年以来主要强制性信贷创新

		主要内容	创新动因
租金类	国家助学贷款	对学生发放国家贴息的助学贷款	帮助贫困学生就学读书
	小额信贷	对贫困人口发放小金额贷款	支持再就业
	中小企业融资担保机构担保贷款	由政府组建专门的中小企业融资担保机构提供担保的贷款	解决中小企业贷款难
无租金类	封闭贷款	对国有亏损企业中部分有效益产品、项目发放贷款，封闭运行	支持国有亏损企业
	公路收费权质押贷款	以公路收费权为质物，对公路建设项目发放贷款	支持公路建设
	电费收益权质押贷款	以电费收益权为质物，对农村电网建设与改造工程贷款	鼓励建设农村电网
	资本贷款	对合资企业中方投资人新增资本提供贷款	吸引外资
	出口退税账户托管贷款	以出口退税账户作为托管账户发放贷款	鼓励出口
	股票质押贷款	以 A 股股票或基金券为质物发放贷款	实施资本市场信贷控制
	消费信贷	针对自然人的消费类贷款	拉动消费需求
	外汇担保下人民币贷款	由外汇资产提供担保，发放人民币贷款	在外汇管制下，盘活外汇资产

租金类强制性信贷创新，最能体现政府意图。它是政府通过创新某种信贷工具，投入部分资金，引导社会资金投入，通过市场方式配置信贷资源，最终达到政策目的。无租金类强制性信贷创新，是政府供给与市场需求共同作用的结果，不仅体现了政府意图，而且满足了金融部门需求。

如果我们从创新动因上考虑，就会发现，无论是支持再就业、拉动消费需求、吸引外资或是鼓励出口等等，所有创新最初的动因都是政府目标函数的一部分，都不是金融部门所要考虑的，体现的是政府意志，而不是某个金融企业的利益动机。但是最终创新的配置过程，则是金融部门努力的结果，政府部门只是引导，最多提供一定租金，绝没有干涉某种创新的实现或强制推行的意图。

租金类强制性信贷创新最能表现信贷政策意图，但比例很小。主要集中在四个方面。第一，是支持农民。通过支农再贷款的形式发放小额信贷，目的是提高农民收入，实现脱贫致富。第二是支持再就业。无论是支持农民还是支持下岗职工的小额信贷，以及支持中小企业的小额信贷，目的无非是为了解决隐蔽性失业显性化和城镇再就业的问题以及扩大中小企业吸纳再就业的能力，都是为了支持再就业。第三，是解决中小企业贷款难。由财政出资组建中小企业融资担保机构，通过担保机构的担保，发放贷款。第四，支持教育。国家助学贷款，就是财政通过一定比例的租金投入，引导贷款投入，目的是帮助实现贫困学生就学读书。

无租金类强制性信贷创新是中央银行与金融部门共同作用的结果，比例很大，种类很多。主要有八个方面的内容。第一，封闭贷款。对国有亏损企业中部分有效益产品、项目发放贷款，封闭运行。目的是支持国有亏损企业。第二，公路收费权质押贷款。以公路收费权为质物，对公路建设项目发放贷款，目的是支持公路建设。第三，电费收益权质押贷款。以电费收益权为质物，对农村电网建设与改造工程贷款，目的是鼓励建设农村电网。第四，资本贷款。对合资企业中方投资人新增资本提供贷款，目的是吸引外资。第五，出口退税账户托管贷款。以出口退税账户作为托管账户发放贷款，目的是鼓励出口。第六，股票质押贷款。以 A 股股票或基金券为质物发放贷款，目的是实施资本市场信贷控制。第七，消费信贷。针对自然人的消费类贷款，目的是拉动消费需求，提高即期消费水平。第八，外汇担保项下人民币贷款。通过外汇资产担保，发放人民币贷款，目的是在外汇管制下盘活外汇资产。

第四节　简短结论

综合本章内容，得出的简要结论主要有三条：

（一）不可否认，强制性信贷创新的宏观动因偏重于社会稳定等宏观政策目标，有可能会漠视信贷创新的市场特性。诱致性信贷创新，而不是强制性信贷创新，应该在信贷创新中占有绝对比重。

（二）信贷创新本质上应该是一种市场行为，与政府无关。政府行为一旦错位，将有可能制约创新动力，甚至偏离创新需求、加大创新成本，导致创新风险。

（三）如今，经济金融瞬息万变。金融控制不与金融创新捆绑在一起，恐怕很难跟上经济金融的发展，但在实践中政府永远落后于市场，金融控制是不可能跟上金融创新步伐的，这是不可调和的矛盾。一切归因于政府与市场的定位。

第十二章
政策展望

我们为什么需要信贷政策？因为是转型经济？"自由放任本身也是国家强制实施的，通往自由的大道，是依靠大量而持久的统一规划之干预而加以打通并保持畅通的。"[1]但这是否说明信贷政策将长期存在呢？

---

①参见：卡尔·波兰尼，2007：《大转型：我们时代的政治与经济起源》，浙江人民出版社。

第一节　租金规模与利益分配

1998 年以前，作为经济发展战略的一部分，中央银行利用信贷政策，运用信贷杠杆，行使政府职能，对市场进行直接干预，影响信贷资金配置。

1998 年以后，信贷政策由促进增长职能转向结构调整职能，或是保持稳定职能。尽管经济学家对其后的信贷政策职能意见不一，但有一点是一致的，即无论信贷政策是作为结构调整政策的一部分，还是保持稳定政策的一部分，这一过程产生了经济租金。尽管经济租金的相对规模与分配方式不同，但产生或分配经济租金，是政府影响民间部门经济行为进而影响资源配置的重要举措。这一方式为大多数发展中国家所采取，并倍加推崇①。

1998 年到 2012 年，信贷政策在政府部门、企业部门、居民部门以及金融部门之间到底产生了多大规模的租金？这些租金又是如何分配的？每个部门获得了多少租金？它对经济绩效产生了什么样的影响？要准确地回答这些问题，是十分困难的。

原因有两个：第一，政策之间存在着外部性，这种外部性影响了我们对每种政策的判断和评价，我们无法区分哪些是信贷政策的作用，而不是其它政策联合作用的结果；第二，信贷政策本身非常复杂，即便是对四部门信贷政策的研究也远远没有结束，每一项信贷政策，都随着不同经济主体的行为以及时间和目标的变化而不断变化，对某一时点的评价难免有失偏颇。

---

① 不仅如此，这在新兴国家也很普遍。比如韩国，政府对金融市场的干预非常广泛，大量的租金产生并得以分配。伴随着体制改革及政策调整，产生租金的主要经济领域以及租金分配的规则也在发生变化。（参见：青木昌彦等主编，1998：《政府在东亚经济发展中的作用——比较制度分析》，中国经济出版社）

不过大致可以得出，当政府部门以政府身份出现时，是信贷政策创造租金的成本承担者；而以部门身份或更准确地说以特定主体出现时，则是利益享受者。国有银行、非国有部门以及居民部门是信贷政策创造租金的成本承担者，而非国有银行和国有企业是利益享受者。总之，尽管损益难分，但所有人都从经济金融稳定中获益。

第二节 是发展中的现象，还是转型中的现象？

中央银行所实施的信贷政策到底是发展中的现象，还是转型中的现象？对这一问题的解释具有重要意义。如果说，中央银行实施信贷政策是发展中的现象，那就意味着许多工业化国家都应该实施类似的选择性控制。现实的情况是，转型经济国家所实施的选择性控制内容要远比发达国家丰富得多，这似乎说明它是一个转型中的现象。但反过来，就无法解释为什么许多金融市场主导型的发达国家还要实施类似的选择性金融控制了。

发达国家针对特定市场实施选择性金融控制，更多的是从风险的角度考虑。这些国家的中央银行或政府并没有为所实施的选择性金融控制提供任何租金机会。控制手段仅限于贷款比例、还款期限、还款方式等，从来没有把"歧视性价格手段"作为选择性控制工具加以使用——这一点是不含租金的主要标志。政策范围也仅仅局限在是有限的几个领域，即证券市场、房地产市场以及消费市场。

2008 年国际金融危机以来，欧美国家所采用的各种非常规货币政策手段极为丰富，比如扩张中央银行资产负债表、进行政策指引等，均属于选择性金融控制的范畴。不过，即便是应对国际金融危机，美欧国家采取的量化宽松货币政策，亦是着眼于向整个金融市场注入资金，压低的是整个金融市场的利率，而非针对某一特定市场。而美联储为支持"两房"而购买"两房"债券等特定金融产品，则含有"歧视性质"，具有浓厚的选择性意味了。

许多选择性控制手段具有一定的阶段性，随着经济金融发展已经逐步弱化，甚至取消。而随着经济金融发展，也不断会有一些新的工具和手段产生。比如，美联储于 20 世纪 20 年代末实施的证券市场信贷控制，就是针对当时的证券市场投机激增造成股票价格暴涨而作为再贴现率与公开市场业务的一种补充工具，其后日本等其它国家纷纷仿效运用。但是，近年来，继续实行保证金比例已无多大必要。消费信贷控制的最初目的，是为了反通货膨胀。1980 年卡特政府甚至促使美联储对无担保的消费信贷提取 15% 的准备金，消费数量的确下降了，但是这一下降正好处于衰退时期，并没有发挥好的作用，因此，美国就此取消了消费信贷控制。

比较而言，许多发展中国家所采取的信贷政策，不仅包含上述内容，更多的是包含租金性质的选择性控制，"价格手段"是选择性控制的主要政策工具。政府有意识地把几个领域或用途的价格定得"不公平"，以引导分散化的民间部门对这些信号作出反应。韩国等许多东南亚国家都普遍实施这种政策。

有管理的市场理论认为，东亚经济成就的优势大部分由于下述三者的结合：(1)高水平的生产性投资，新技术的迅速转化；(2)资金集中、优先投入某些领域，这在政府不干预的情况下是做不到的；(3)让许多工业暴露在国际竞争面前，参与国际市场而不是国内市场的竞争，即利用出口信贷等方式鼓励出口[①]。它们本身在很大程度上就是政府实施信贷市场干预的结果，是政府利用控制、奖励等信贷机制引导信贷资源配置的结果。韩国在 20 世纪 60 年代到 80 年代，由选择性金融控制所产生的租金规模非常庞大。60 年代，与此相关的租金估计约占 GDP 的 4% ~ 6%，70 年代达到了 6% ~ 12%，80 年代以后有所下降[②]。

这种选择性控制，对转轨经济国家尤为重要。就市场运行效率而言，减少对金融中介的控制，从而使他们能够自由地确定利率水平以及服务项目，似乎明显是合意的。但问题是，如果政府在诸如信息提供、贷款用途、准备金要求等实施方面不再发挥作用，上述情形是否是可行的或是合意的？毫无疑问，在转轨时期，减少控制会增加流动性风险，会加强中央银行作为最后贷款人职能存在的理由[③]。但是，如果没有这种信贷支持方式，很难想象中国的市场经济是如何一步一步自行走向完善的。

选择性控制，特别是租金性质的选择性控制带来的负面问题也是不容忽视

[①]参见：青木昌彦等主编，1998：《政府在东亚经济发展中的作用——比较制度分析》，中国经济出版社。
[②]参见：青木昌彦等主编，1998：《政府在东亚经济发展中的作用——比较制度分析》，中国经济出版社。
[③]参见：汉密尔顿·弗里德曼，1991：《费里德曼文萃》，北京经济学院出版社，第 662 页。

的。第一，过度需求。如果贷款不必偿还，或者实际贷款利率为负，那么这种贷款就总有过度需求。第二，不计成本。由于补贴，产出价格与投入价格无关，即便无利可图，生产仍然得以维持，因为这是获得贷款的条件，甚至影响到其它投入品的投入。比如尼加拉瓜的许多棉花耕地就因过度使用与信贷补贴相联系的除草剂而被污染了[1]。第三，低效率竞争。选择性控制领域，由于补贴的存在，使得低效率甚至无效率的厂商仍在经营，阻碍了有潜在效率的厂商，为了获得补贴，借款人甚至扭曲经营性质和努力方向。第四，选择性补贴往往被视为对消费的索取权，难以形成实际资本。

施蒂格勒甚至质疑，这些举措究竟得到了什么？谁从中受益？结果很有可能是，提高了最贫困阶层的经济福利水平，却经常与广泛的公众利益相悖。

选择性金融控制，反映出的是对市场结果的"不信任"。可以预见，随着经济金融发展，市场体系逐步健全，维持选择性金融控制的成本不断上升、效率不断递减，租金性质的选择性控制就应退出历史舞台了。政府应回归政府，把市场交给市场。

---

[1]参见：罗纳德·I·麦金农，1997：《经济市场化的次序》，上海三联书店，第66页。

第三节　是货币政策的一部分吗？

　　长期以来，信贷政策一直是货币政策的重要组成部分，是从属于中央银行的货币信贷政策工具之一。许多人对此提出质疑。质疑主要集中在两个方面：第一，信贷政策是否是货币政策的一部分；第二，信贷政策的政策主体是否应该是中央银行。

　　第一个质疑是信贷政策是否是货币政策的一部分。弗里德曼指出，"对两种趋于被混淆的、截然不同的问题加以区分是极为重要的：即信贷政策问题与货币政策问题"[①]。他认为，在概念上，货币创造与信用扩张是截然不同的，货币体系可以完全与任何信用工具脱钩。从历史上看，货币与信用之间的关系在不同的时间和地点变化很大。所以，他认为，有必要将信用市场上的政策问题与货币总量变动的政策问题区分开来。但是，他同样指出，"用来影响一组变量的措施，也会影响到另一组变量。货币措施在具有本身的货币影响的同时，还会产生信用影响"。可见，信贷政策与货币政策从本质上是完全不同的两种政策。因此，一些人认为，从货币理论看，"许多信贷政策手段，诸如允许房地产抵押贷款、助学贷款、证券公司进入货币市场融资、股票抵押贷款等"，实际上"不属于货币政策的范畴"[②]。

　　但是，在实践上，许多国家把宏观审慎监管政策作为对货币政策的一般性政策工具的补充。前文所述，如果没有这些选择性控制工具，中央银行很难对特定市场实施特殊影响。不过必须承认，租金性质的选择性金融控制，显然不

[①] 参见：汉密尔顿·弗里德曼，1991：《费里德曼文萃》，北京经济学院出版社，第565—566页。
[②] 参见：谢平，2000："新世纪货币政策的挑战"，《经济研究》第1期。

属于中央银行货币政策的范畴。它们既不为了反通货膨胀、抑制投机，也不为了刺激消费市场，而是针对弱势群体，扶贫帮困，救助贫困学生，帮助下岗职工再就业等等。在某种意义上说，这些远远超出了货币政策的范畴，成为宏观经济稳定政策。

这些政策措施，引起了一些经济学家对中央银行职责的质疑。这就是第二个质疑，即中国特色的信贷政策是否属于中央银行的职责范围，是否应该由中央银行而不是其它部门负责此项职能？

每个国家的中央银行都面临着同样的抉择，都要在物价稳定、经济增长、国际收支平衡与充分就业之间作出平衡。中国央行的最终目标是"保持币值稳定，并以此促进经济增长"。但在实践上，信贷政策的多目标约束、制约着央行的最终目标。央行从来没有仅仅关注币值稳定，经济增长也从来就没有成为一个清晰的范畴。曾经一度采用的积极财政政策，就是最好的例证。

时任财政部长项怀诚提出，1997 年，政府最初的设想是，从 1998 年开始的 5 年之内实行适度紧缩的财政政策。但亚洲金融危机爆发后，危机对亚洲其它国家经济的影响在中国反映出来。1997 年中国外贸出口增长的速度在 20% 以上，而在 1998 年，中国外贸出口的增长速度只有 0.5%，几乎是零增长。另外，中国经济从 1992 年以后实行宏观调控，过热的经济得到抑制，经济增长速度逐步下降。1998 年，经济发展速度下降明显，出现通货紧缩的现象。面对这种趋势，国家开始实施积极财政政策。由财政发国债，银行配套贷款，以国债项目投入带动全社会投资。积极财政政策到底发挥了多大作用？按照国家统计局的统计结果，似乎是巨大的。国家统计局认为，1998 年到 2001 年，积极财政政策拉动经济增长的速度分别是 1.5 个百分点、2 个百分点、1.7 个百分点和 1.8 个百分点。

但是，谁都不能否认，财政政策容易产生"挤出效应"。第一，财政支出扩张引起了实际利率的上升，抑制民间投资；第二，政府向公众借款，引起政府部门与民间部门在资金需求上的竞争，减少了民间资金；第三，抢项目，挤走了民间投资。董辅礽认为，不仅如此，如果长期实施财政政策，还会产生一系列的负面效应，例如财政赤字越来越大，引发通货膨胀和财政危机，甚至可能发生"滞胀"。马栓友认为，上述措施妨碍了市场化改革进程，呈现出"体制性复归"，淡化了市场机制的作用，强化了计划经济体制的复归，出现边际效应递减，不能很好地发挥乘数作用。中国社科院的研究认为，投资占 GDP 的比率已经达到了相当高的水平，国民收入分配关系中的消费与积累的失衡，人均收入增长速度明显低于 GDP 的增长速度，农村发展的相对落后和农民收入的增长缓慢，连续多年第三产业发展速度滞后于第二产业，这些都与国家实施积极财政政策有关。

无论积极财政政策作用如何，有一点是清楚的。那就是，1998 年到 2002 年，5 年间财政增发国债 6600 亿元，而银行配套贷款达 1.3 万亿元，是国债资金的两倍多。这意味着，1998 年到 2001 年，信贷政策仅在配合积极财政政策一项上，拉动经济增长的速度就分别约为 1 个百分点、1.3 个百分点、1.1 个百分点和 1.2 个百分点。由此可见，如果没有信贷政策的支持，财政政策只能是孤军奋战。与其说是积极财政政策对经济增长起到了巨大的支撑作用，还不如说是信贷政策。

可以想象，如果中央银行继续负担结构调整、扶贫帮困、社会稳定等政府职能，中央银行将无法实现间接调控，这不利于中央银行的独立性。但如果不是中央银行承担这样的职能，又会是哪个部门承担呢？又如何实现货币政策与财政政策、信贷政策的协调呢？

实践上，信贷政策与货币政策各工具之间又有着十分密切的关系。比如再贷款、再贴现是中央银行实施信贷政策的数量工具，利率是中央银行实施信贷政策的价格工具。信贷政策的租金配置是依靠再贷款与利率政策的，信贷政策的"窗口指导"则与再贴现密切相关。反之，利率很难对付超额杠杆、过分冒险或资产价格与基本面的偏离。信贷政策对政府试图影响的变量具有更强的目的性影响。但这是否就是只能由中央银行而不是其它部门承担这样职责的理由呢？

这里，两个质疑所揭示的根本性的问题是，中央银行在宏观调控的同时，是否还需要进行微观管理？汉斯·辛格指出，凯恩斯理论的基本原理除了宏观经济管理外，还包括了微观经济自由主义。在凯恩斯看来，一旦宏观经济管理走上了正确的轨道，政府就没有必要进行微观管理，微观管理的结果是得不偿失的。然而这里隐含的前提是，宏观经济管理已经走上了正确的轨道。在许多发展中国家，由于市场体系不健全，或者由于计划经济的过度扭曲，这些国家根本不具备这样的前提，宏观经济管理很难正常发挥作用，微观治理以及政府引导至关重要。比如，在印度，由于过度依赖宏观管理，缺乏微观经济自由条件，导致财政政策陷入破产的境地。

由此可见，政府干预是必要的，欠发达国家不完善的市场体系是不足以自动实现均衡的。正如汉斯·辛格所说，"我们没有任何理由说不要政府干预，惟一的问题是，采取什么样的政策"。

至今，可以确定的是中央银行是掌握选择性金融控制权力的有力候选人。因为中央银行具有清晰的市场定位，拥有足够的信息，与政府部门有着天然的密切联系，并且在一些国家，中央银行已经转而开始管理银行。无论如何，如果中央银行继续承担此项任务，必须有更大的透明度。

2012 年 8 月 31 日，美联储主席伯南克在杰克逊·霍尔全球中央银行行长年会上发表演讲，为国际金融危机以来美联储扩大资产负债表和沟通交流（"窗口指导"或政策指引）做辩解。"证据显示，中央银行购买证券为经济复苏提供并缓解了通缩风险。"他承认，考虑到非常规货币政策"有限的历史经验"，决策者也是边行动、边学习。

第四节　未来政策展望

　　信贷政策工具在不同国家、不同市场环境、不同经济体制下有所区别。信贷政策是否有效，依赖于与外部环境的结合程度。根据金融约束理论，政府通过一些金融政策为金融部门和生产部门创造租金机会，促使它们追逐租金机会，并在追逐租金机会的过程中把私人信息并入到配置决策中，从而提高资源配置效率。但是，其前提条件必须是稳定的宏观环境，较低的通货膨胀率，以及正的实际利率。正是由于金融约束的条件要求很高，并要根据经济金融的发展调整，传统的信贷政策工具在一些国家取得了成功，而在另一些国家却无法获得预期效果。

　　20 世纪 80 年代，发展中国家主要使用传统的干预性较强的工具，具体有六种方式：对优先发展部门提供优惠贷款、差别再贴现利率、直接预算补贴、信贷下限管理、信贷上限管理、发展专业性金融机构。其中，前两种工具被大多数亚洲发展中国家采用。

表 12.1：1980 年选择性信贷工具在 11 个亚洲发展中国家和地区使用情况[1]

国家和地区	对优先发展部门提供指令性优惠贷款	差别再贴现利率	直接预算补贴	信贷下限管理	信贷上限管理	专业性金融机构
孟加拉国	是	是		是		是
印度	是	是		是		是
印度尼西亚	较少	较少		是		是
韩国	较少	较少		是	是	是
马来西亚	是	是				
尼泊尔	是	是		是		是
巴基斯坦	是	是		是	是	
菲律宾	是	是	是	是	是	是
斯里兰卡	是	是		非正式	是	
中国台湾	较少	较少				
泰国	是	较少				

[1] 资料来源：Maxwell J. Fry, 1988, "Money, interest, and banking in economic development", Johns Hopkins University Press。

在东亚发展阶段的经济模式中，信贷政策发挥了重要的作用。以韩国为例，在韩国经济发展过程中，政府金融控制的范围很广，政府拥有银行机构，控制利率，并指导大部分贷款。这种信贷分配伴生了大量的租金，并构成了政府的产业政策工具及控制企业的工具。尽管这一发展战略引起了一些问题，如大量信贷被分配给不成功的创业企业，迫使政府不得不通过货币扩张来救助企业和银行，并抑制了一个有效率的银行体系发展，强化了经济集中，但这一以信贷政策为主要发展手段的发展战略确实达到了韩国政府实现工业化的目的。

随着经济发展水平的提高和经济自由化进程，传统的信贷政策工具的弊端逐步显现，如：金融控制鼓励企业承担长期投资风险，对长期贷款设定了较低的利率，涉及到向下倾斜的贷款利率期限结构；优惠的贷款利率和政府补贴允许金融机构用较高的利率吸收储蓄再以较低利率贷出，导致存款利率可能高于贷款利率，与完全竞争市场中金融机构运营原则相悖；负的真实贷款利率给优先发展部门的借款人强烈的信号，贷款是免费的，甚至是负价值，鼓励了资本密集型产业发展以及一些零回报率甚至是负回报率的投资。印度曾经通过优惠贷款支持农业价格采购政策，保证投机者必定盈利，导致囤积粮食现象和通货膨胀。

亚洲金融危机的爆发，印证了不适应经济发展的传统信贷政策会产生金融脆弱性，导致金融危机。许多其他亚洲国家政府对企业和银行的干预，使得资源的配置大量借助于非市场的机制，也形成了错综复杂的政企、银企和政银关系。这在一定程度上给经济发展带来束缚，特别是导致了金融系统的低效率和运作不良，而健全的金融监管体制却没有得到有效地建立，这些问题最终在东南亚金融危机来临时集中暴发。亚洲金融危机反映出这一以传统信贷政策为主导的发展模式成本很高。

因此，各国在信贷政策的设计中，逐渐转向不干涉市场主体的经营自主权，突出市场指导和不干预的特点。20 世纪 90 年代后期，韩国、印度尼西亚、中国台湾开始缩小优惠贷款和差别再贴现利率的使用范围；马来西亚不再使用信贷下限管理工具；使用直接预算补贴和信贷上限管理工具的国家也逐步减少，总体趋势是逐步依赖市场力量。信贷政策工具运用和市场力量之间的平衡，最终将取决于一个国家的经济金融发展水平，包括金融市场、产业组织、市场结构等。

各国在不同的发展阶段，根据各自资本财富积累程度、金融市场发达程度、中央银行职能变化和金融生态环境等各方面条件，执行信贷政策时在实施方式上有不同的侧重。在如何有效实施信贷政策，推动资源优化配置方面，也有一些共同的经验可以遵循。

一、推进法制化

各国中央银行逐步剥离对金融行业的微观监管职能后，普遍带来了信贷政策激励有余、约束不足问题，信贷政策法制化则是保证执行效率的重要手段。美国信贷政策立法较为完备：《社区再投资法案》鼓励联邦保险的存款类金融机构在安全、稳健的前提下尽力满足社区，包括中低收入社区的信贷需求，并对金融机构执行情况进行检查和评价，在评估金融机构的扩张申请时，必须考虑上述评价。在农业金融方面，制定了《农业信贷法》、《农产品信贷公司特许法》等法规，保障建立一个系统合理的政策性金融体系。助学贷款方面，通过《高等教育法》、《学生贷款改革法》等明确贷款人、借款人和担保人权力义务，为"斯坦福贷学金"、"学生家长贷学金"等助学贷款提供法律保障。法国、日本也有《土地银行法》、《日本育英会法》等相关信贷政策的立法。

发展中国家通过"准入标准"和"监管标准"等制度来约束金融机构，促使其增加对弱势地区和行业的投入。如印度储备银行要求商业银行每开设 2～3 家城市分行，必须开设 1 家农村分行，同时规定国内商业银行优先行业贷款占比，不得低于全部贷款净额的 40%。巴西规定持有存款牌照的金融机构，必须将前半年吸收活期存款的 25%，无偿存入中央银行（除法定准备金外），这部分资金只能用于农业信贷。

而我国虽然明确由中央银行制定和实施宏观信贷指导政策，但中央银行和银监会的实际工作中大部分都涉及这一职责，且现行《人民银行法》和《银行业监督管理法》都没有清晰明确信贷政策管理的内容，导致信贷政策缺乏约束力。2011 年，人民银行下发了《关于开展中小企业信贷政策导向效果评估的通知》和《关于开展涉农信贷政策导向效果评估的通知》，试点开展对银行业金融机构支持中小企业、农业等领域的支持效果评估，并作为调整准备金率的重要依据，在推动信贷政策执行效力方面做出了尝试。我国的信贷政策要借鉴发达国家信贷政策法制化的好的经验，加强信贷政策立法，有效提高信贷政策执行效力。如推进消费者信贷权益保护的立法。

二、整合政策资源引导金融机构合理配置资金

对客观上交易成本高、风险大的弱势主体，金融机构的市场化经营趋向使其缺乏执行动力，最终易导致信贷政策的被动和扭曲。需要借助中央银行超脱地位和影响力，利用政府各方资源力量，引导金融机构合理配置资金，探索信贷政策的可持续模式。

加强公共财政的引导，实现信贷政策与财政资金的有效衔接，是更好地实施信贷政策、发挥金融系统再分配功能的前提条件。国际上引入公共财政支持信贷政策主要有四种方式。一是承担所有或部分风险。如美国斯坦福贷款由州政府出资提供担保鼓励商业银行展助学贷款，当商业银行无法挽回违约损失时，可从担保资金中取得95%拖欠贷款。二是对贷款利率进行资助。三是承担贷款部分管理成本。如美国由政府承担商业银行进行学生贷款的保险费和开办费，两者费用约为贷款本金的8%。四是直接提供贷款资金。如英国政府2002年一次性投入4000万英镑，给社区发展金融协会，作为对弱势群体提供贷款支持的启动资金。

各国经济实力不同决定财政对信贷政策支持的规模和形式不同。发达国家政府财力雄厚，对信贷政策支持力度大，政策性金融规模较大。而发展中国家政府的财力有限，政策性金融的覆盖面较小，更需要通过行业机构和民间组织完善农村金融服务。不管公共财政以何种方式对信贷政策进行支持，都必须以市场化的手段提高效益，加强资金使用的管理和监督，降低资金耗损和运营成本，才能实现信贷资源配置效率的提高。

整合资源的其他方式还包括政府、产业、部门多方面的协调配合。如政府主导下基于产业链的信用增级创新产品。中央银行在信贷政策制度设计中，也应充分关注与产业政策、经济社会发展战略的配合，将信贷政策与各种可利用工具手段进行有机结合。如可考虑逐步在信贷政策中引入一些对金融机构考核社会责任投资的指标，定期公布，引导金融机构经营兼顾

社会利益与私人利益。同时，也可考虑通过征信体系对借款人诚信行为进行评价，为金融机构、担保基金、产业部门等提供信息分享。

三、推进金融创新

信贷产品和组织机制创新是金融机构的理性选择，而信贷政策是对这些选择的控制或约束。信贷政策镶嵌在金融机构的各种创新选择中，力求在鼓励创新与防范风险之间取得平衡。通过创新某种信贷工具，投入部分资金，引导社会资金投入，通过市场方式配置信贷资源，最终体现政府意图，达到政策目的。

信贷产品创新要因地制宜，还需要借助科技发展和金融环境的优化。近年来，随着金融服务的深化，风险控制手段的提高和科学技术水平的不断发展，信贷产品创新能力的增加，逐步推动信贷资源配置的半径不断扩大。同样，信贷的组织机制也需要创新。孟加拉格莱明银行通过小组联保，并承担培训和技术服务等社会职能，实现了农村小额信贷的商业化经营。正规金融和非正规金融的结合为信贷配置提供了更多可能。如印度国有开发银行——印度农业和农村发展银行（NABARD）将非正规农户互助组（SHG）与正规金融业务结合起来，由 NABARD 通过其员工和互助促进机构对由 15～20 名妇女组成的农村互助组进行培训，农户互助组内部先进行储蓄和贷款活动（国内的和会），NABARD 验收后，直接或通过基层商业银行间接向农户互助组发放贷款。这些产品都取得了很好效果，也为未来信贷政策引导创新提供了方向，力求通过政府供给与市场需求共同作用，既能体现政府意图，同时也能满足金融、产业部门需求。

四、营造良好的金融环境

金融机构的金融创新往往会遇到一些政策协调的问题，对金融机构而言存在协调失灵，这就需要中央银行发挥其特殊地位，与各部门协调，为金融机构的金融产品创新营造良好的生态环境。金融生态主要不是金融机构的内部运作，而是金融运行的外部环境。金融生态环境与信贷政策的执行效力互为条件、相互影响。金融生态环境，如宏观经济环境、法律环境、信用环境等的优劣，会影响信贷融资技术的应用，进而影响信贷政策的执行效力。社会信用环境也会影响中小企业等弱势主体信贷融资的可获得性。在对债权人法律保护力度差的国家，银行针对弱势主体贷款的信用风险增加，其银行信贷融资的可获性降低。

当然，我国金融生态环境也面临几个突出问题，包括法制环境、制度环境、信用环境问题，以及地方政府干预。这是中央银行未来需要重点推动改进的方面。

总之，我国中央银行信贷政策多年来的实践表明，考量政府与市场在信贷资源配置中的作用，应综合权衡一个国家经济的总体发育程度以及市场的可承受能力等多种因素。在转型经济时期，选择性金融控制是可以发挥重要作用的。只要制度合理，措施得当，这些政策工具的作用是不可替代的，所发挥的功能是其它宏观经济政策重要的、有益的补充。但是，随着市场经济的逐步发展，金融控制的作用方式、范围、主体、渠道等都将逐步发生变化，必须重新做出设计。

主要参考文献

Akelof, G. (1970), "The market for lemons: Quality Uncertainty and the Market Mechanism", Quarterly Journal of Economics 84:488–500.

Angelii P;Di Salvo, R. and G.Ferri (1998), "Availability ad Credit for Small Businesses: Customer Relationships and Credit Cooperatives", Journal of Banking and Finance 22,925–954.

Berger A.N. and G.F.Udell (1990), "Relationship Lending and Lines of Credit in Small Firm Finance", Journal of Business 68,351–381.

Bergen A.N.& G.F.Udell (1998),The Eeonomieals of Small Business Finanee:the Role of Private Equity and Debt Markets in the Finaneial Growth Cyele.Journal of Banking and Finanee,1998(22).

Berger A.N. and G.F.Gull (2002), "Small Business Credit Availability and Relationship Lending: The Importance of Bank Orgonisational Structure",The Economic Journal, 112(477), pp. F32–F53.

Berger, A.N. and G.F.Udell (2006), "A More Complete Conceptual Framework of Finance",Journal of Money, Credit and Banking,35,pp.485–505.

Dewatriponi M, Maskin E. (1995), Credit and Efficiency in Centralized and Decentralized Economies.[J]. Review of Economic Studies. 1995, 62(213): 541–555.

Diamond,Douglas W and Verrecchia, Robert E. (1982) , "Optimal Contracts and Equilibrium Security Prices", J.Finance, May 1982,37,pp.275–87.

Elena Carletti (2001), The Structure of Bank Relationships, Endogenous Monitoring and Loan Rates Working Paper Series.

Erik E Lehmann and Doris Neuberger (2001), Do Lending Relationships Matter: Evidence from Bank Survey Data in Germany, Working Paper.

Fry, Maxwell J. (1991), "Domestic Resource Mobilization in Developing Asian: Four Policy Issues", Asian Development Review.

George G.Kaufman (1998), "Research in financial services", JAI press limited.

George Stigler (1971), " The Theory of Economic Regulation", The Bell Journal of Economics and Management Science, Vol 2, No 1, (Spring, 1971), 3–21.

Gibson, H. & E. Tsakalotos (1994), The Scope and Limits of Financial Liberalization in Developing Countries: a Critical Survey, Journal of Developing Studies,Vol.30,pp.578–628。

Hellman, Thomas, Murdock, Kevin, and Joseph Stiglitz (1996), "Financial Restraint: Toward a New Paradigm", In Masahiko Aoki, Hyung–Ki Kim, and Masahiro Okuno–Fujiwara (eds), The Role of Government in East Asian Economic Development: Comparative Institutional Analysis, New York: Oxford University Press.

Hodgman. Donald R (1961), The Deposit Relationship and CommercialBank InvestmentBehavior , Review of Economics and Statistics , 43 (August 1961)

Hulmut Bester, (1985), "screening vs. Rationing in Credit Markets with Imperfect Information", American Review, vol.75, NO.4, 850–55

Islam, I. (1995), Governance, International Competitiveness and Economic Development : Some Analytical Consideration, in Kapur, B. , Quah, E. , and Hoon, N. , (eds.), Festschrift in Honor of Professor Lim Chong–Yah, Singapore: Prentice–Hall.

Jaffee D M, Russell T. (1976) Imperfect information, uncertainty, and credit rationing[J]. Quarterly Journal of Economics. 1976, 90(4): 651–666.

Jaffee D M, & Franco Modiliani, (1969), "A Theory and Test of Credit Retioning", American Economic Review 59,850–72.

Jean Tirole (1994), the prudential regulation of banks, MIT press, 1994.

Kapur, Basant K. (1976), "Alterative Stabilization Policies for Less–Developed Economics", Journal of political Economy, 84(4, i, August): 777–795.

Lawrence J.Christiano , Martin Eichenbaum and Charles L.Evans (2000), The Effects of Monetary Policy Shocks: Some Evidence from the Flow of Funds,Working Paper Series.

Mitchell A.Petersen and Raghuram G.Rajan (2000), The Effect of Credit Market Competition on Lending Relationships,Working Paper Series.

McKinnon,Ronald I. (1973), Money and Capital in Economic Development, Washington, DC: The Brookings Institution.

McKinnon, R.I. (1986), "Issues and Perspectives: an Overview of Banking Regulations and Monetary Control", in Tan, A. and Kapur, B.(eds.), Pacific Growth and Financial Interdependence, Sydney: Allen & Unwin.

Peterson, M. and Rajan·R.(1995), "The effect of credit Market Compelition on Lending Relationship [J] Quarter Journal of Economics. 1995(110),406–443

Robert B.,H.Hauswald and Robert Marquez (2001),Competition and Strategic Focus in Lending Relationships,Working Paper Series.

Sharpe, Steven A. (1990),"Asymmetric Information, Banking Lendin, and Implicit Contracts: A Stylized Model of Customer Relationships",J. Finance, Sept.,45 (4),pp. 1069–87.

Shaw, Edward S. (1973), Financial Deepening in Economic Development, New York: Oxford University Press.

Steven Ongena and Hans Degryse (2002), Distance, Lending Relationships, and Competition,Working Paper Series.

Stigler, G.J. (1971), "The Theory of Economic Regulation", Bell Journal of Economics and Management, Spring No.2 (1) pp.1–21.

Stiglitz, J.E. (1989), "Markets, Market Failures, and Development", American Economic Review, Vol.79, No.2, May, pp.197–203.

Stiglitz, J.E. (1994), "The Role of the State in Financial Markets", Proceedings of the World Bank Annual Conference on Development Economics 1993, pp.19–52.

Stiglitz, J.E. (1996), Some Lessons from the East Asian Miracle, The World Bank Research Observer, Vol.11, No.2, Aug., pp.151–77.

Stiglitz, J.E.& Marilou Uy (1996), "Financial Markets, Public Policy, and the East Asian Miracle, The World Bank Research Observer", Vol.11, No.2, Aug., pp.249–76。

Stiglitz J. and A.Weiss (1981) , Credit Rationing inMarketswith Imperfect Information . American Economic Review..

Woolcock M. (1998), "Social Capital and Economic Development: Toward a Theoretical Synthesis and Policy Framework", Theory and Society,27,pp.151–208.

World Bank (2000), World Business Environment Survey, Washington D.C.:World Bank, HTTP://infor.worldbank.org/governance/wbes/.

William (1997), Pyle Structure and Performance in a Transitional Credit Market, Working Paper Series.

F·佩鲁,1988:《发展新概念》,社会科学文献出版社。

G·J·施蒂格勒,1989:《产业组织和政府管制》,上海三联书店。

H·迈因特,1978:《发展中国家的经济学》,商务印书馆。

H.钱纳里、S.鲁宾逊、M.赛尔奎因,1974:《工业化和经济增长的比较研究》,上海三联书店。

R.科斯等,1994:《财产权利与制度变迁》,中译本,上海三联书店。

V.奥斯特罗姆、D.菲尼、H.皮希特,1996:《制度分析与发展的反思》,商务印书馆。

W·阿瑟·刘易斯,1988:《二元经济论》,北京经济学院出版社。

爱德华·肖,1991:《经济发展中的金融深化》,上海三联书店。

爱德华·夏皮罗,1985:《宏观经济分析》,中国社会科学出版社。

埃普里姆·艾沙,1998:《发展中国家的财政政策与货币政策及其问题》,商务印书馆。

埃普里姆·艾沙、罗斯玛丽·索普,1965:"战后阿根廷的正统经济政策造成的经济与社会后果",《牛津大学经济学与统计学研究所公报》1965年2月。

保罗·萨缪尔森,1989:《经济学》,人民邮电出版社。

贝多广,1988:《宏观金融论——对社会资金流动的理论探讨》,上海三联书店。

北京大学中国经济研究中心宏观组,1998a:"寻求多重经济目标下的有效政策组合",《经济研究》第4期。

北京大学中国经济研究中心宏观组,1998b:"货币政策乎？财政政策乎？",《经济研究》第10期。

伯南克,2011:"此次金融危机对中央银行理论和实践的影响",在波士顿联储第56次经济会议上的演讲。

蔡浩仪、徐忠，2005，《消费信贷、信用分配与中国经济发展》，《金融研究》第9期，第63-75页。

曹子娟、高玉泽等，2005：《中国小额信贷发展报告》，中国时代经济出版社。

曹幸穗，1996：《旧中国苏南农家经济研究》，中央编译出版社。

曹雷，2012："论信贷政策法律化：美国的实践与经验"，《金融法制》2012年总428期。

蔡鲁伦，1999："中小企业融资的五大制约因素分析"，《财贸经济》，1999年第6期。

陈诗，2012："国际小额信贷主要的支持政策以及对我国的借鉴作用"，《时代金融》2012年第6期。

戴根有，2002a："进一步推动中小企业健康发展"，《金融时报》8月27日。

戴根有等，2002b："中国信贷政策的回顾与展望"，《金融时报》4月26日。

戴相龙，1998：《领导干部金融知识读本》，中国金融出版社。

狄帕克·拉尔，1992：《发展经济学的贫困》，云南人民出版社。

杜晓山，2009："我国小额信贷发展报告"，《农村金融研究》2009年02期。

杜晓山，2012："小额信贷的挑战与前景"，《中国金融》2012年第11期。

范从来，2000："论通货紧缩时期货币政策的有效性"，《经济研究》第7期。

樊刚，1999："发展非国有银行势在必行"，《财贸经济》，1999年第6期。

樊志刚、李卢霞，2012："我国商业银行推行绿色信贷的政策环境分析及业务创新路径探讨"，《金融理论与实践》2012年第9期。

付空，2012："试论我国农村小额信贷的发展现状和所存在的问题"，《中国证券期货》2012第6期。

冈纳·缪达尔，1991：《世界贫困的挑战——世界反贫困大纲》，北京经济学院出版社。

高鸿业、吴易风，1996：《现代西方经济学》，经济科学出版社。

高玉泽、徐忠，2012："论转型时期中央银行信贷政策"，《经济研究》第7期。

高玉泽，2004："我国金融市场存在结构性割裂之痛"，《上海证券报》，3月23日。

高玉泽，2003："中央银行选择性政策工具将带来什么"，《上海证券报》，6月18日。

高玉泽,2003:"中国银行业发展:结构、行为与市场绩效",《产业经济研究》第1期。

高玉泽,2002:"国有商业银行改革:合约安排、经济行为与市场绩效",《经济管理》第4期。

高玉泽,2002:"论我国的信用问题与银企关系",《金融参考》第3期。

高玉泽,2000:"结构与绩效：外资银行进入与中国银行业发展"，载《加入WTO与中国金融业发展》,中国金融出版社。

高玉泽,1999:"经济转型时期国有企业职工经济行为分析",《管理世界》第3期。

高玉泽,1999:"转轨经济中合资银行的制度分析",《金融研究》第4期。

顾义河,2011:"信贷约束、声誉与中小企业贷款",北京大学中国经济研究中心硕士论文,易纲教授指导。

郭庆平,2010:"把握好信贷结构尺度",《中国金融家》2010年第3期。

郭庆平,2012:"关于货币信贷政策的几个问题",《中国金融》2012年第6期。

汉密尔顿·弗里德曼,1991:《弗里德曼文萃》,北京经济学院出版社。

赫伯特·斯坦,1997:《美国总统经济史》,吉林人民出版社。

赫尔曼、莫多克、斯蒂格利茨,1996:"金融约束:一个新的分析框架",载青木昌彦等主编《政府在东亚经济发展中的作用 -- 比较制度分析》1998年版。

华佳,2012:"信贷政策的有效性与限购措施的必要性",《上海房地》2012年第3期。

黄海峰、任培,2010:"中国绿色信贷政策现状研究",《中国市场》2010年第27期。

焦瑾璞,2011:"小额信贷发展需要各方合力",《金融博览》2011年第6期。

凯文·多德、默文·K·刘易斯,2000:《金融与货币经济前沿问题》,中国税务出版社。

考夫曼,2001:《悲观博士考夫曼论货币与市场》,海南出版社。

卡尔·波兰尼,2007:《大转型:我们时代的政治与经济起源》,浙江人民出版社。

莱·威·钱德勒,1980:《货币银行学》,中国财政经济出版社。

理查德·杰克曼,1991:《通货膨胀经济学》,上海译文出版社。

李明昌,2011:"着力提高信贷政策实效",《中国金融》2011 年第 6 期。

李实,1997:"中国经济转轨中劳动力流动模型",《经济研究》第 7 期。

李扬、王国刚、刘煜辉,2005:"地方政府行为模式及其对地区金融生态的影响",《新金融》第 3 期。

李扬、王国刚,2012:《中国金融发展报告 2012》,社会科学文献出版社

李江红,2011:"十一五期间我国信贷政策制定、实施和监督现状及完善建议",《时代金融》第 6 期。

李佳,2012:"国外农村小额信贷发展模式分析及其对我国的启示",《时代金融》2012 年第 7 期。

刘宗礼、葛冰、杨玫,2012:"农户小额信贷的运作与管理研究",《西部金融》2012 年第 8 期。

林毅夫,2000:"发展中小银行解决中小企业融资难题",《新经济》2000 年第 6 期。

刘伟,2001:《转轨经济中的国家、企业和市场》,华文出版社。

刘伟,1995:《工业化进程中的产业结构研究 》,中国人民大学出版社。

刘卫红,2000:"论东亚金融市场发展中的政府替代",《经济学家》第 5 期。

刘旺霞,2010:"俄罗斯转轨以来货币信贷政策及其启示",《俄罗斯中亚东欧市场》2010 年第 1 期。

刘世锦,1993:《经济体制效率分析导论》,上海三联书店。

罗伯特·韦德编著,1994:《驾驭市场——经济理论和东亚工业化中的政府作用》,企业管理出版社。

罗纳德·I·麦金农,1988:《经济发展中的货币与资本》,上海三联书店。

罗纳德·I·麦金农,1997:《经济市场化的次序》,上海三联书店。

理查德·杰克曼,1991:《通货膨胀经济学》,上海译文出版社。

迈克尔·P·托达罗,1992:《经济发展与第三世界》,中国经济出版社。

毛泽盛、周志敏,2010:"新范式视角下的信贷政策改革",《金融前沿》2010 年第 12 期。

梅耶、杜森贝利、阿利伯,1994:《货币、银行与经济》,上海人民出版社。

密尔顿·弗里德曼,1991:《弗里德曼文萃》,北京经济学院出版社。

米什金, F. S., 1998:《货币金融学》, 中国人民大学出版社。

莫宪, 2012:"中国农村小额信贷研究",《中国集体经济》2012年第13期。

潘振民、罗首初, 1995:《社会主义微观经济均衡论》, 上海三联书店。

青木昌彦等主编, 1998:《政府在东亚经济发展中的作用——比较制度分析》, 中国经济出版社。

恰亚洛夫, 1996:《农户经济组织》, 中央编译出版社。

莱·威·钱德勒, 1980:《货币银行学》, 中国财政经济出版社。

苏·贾塔克, 1989:《发展经济学》, 商务印书馆。

苏幼红, 2011:"美国银团贷款市场的新特点",《国际金融研究》第8期。

斯蒂芬·罗西斯, 1991:《后凯恩斯主义货币经济学》, 中国社会科学出版社。

世界银行, 1995:《东亚奇迹——经济增长与公共政策》, 中国财政经济出版社。

世界银行, 1989:《世界发展报告, 1989》, 中国财政经济出版社。

上海财经大学现代金融研究中心, 2012:《中国金融发展报告, 2011》, 上海财经大学出版社。

上海财经大学小企业融资研究中心, 2010:《中国金融发展报告, 2010》, 上海财经大学出版社。

盛洪, 1996:"国有企业、银行体系和宏观经济波动的制度原因",《管理世界》第6期。

谈儒勇, 2000:《金融发展理论与中国金融发展》, 中国经济出版社。

汤敏, 2002:"利用小额贷款机制解决三农核心问题",《中国信息报》6月25日。

汤小青, 1998:《国民经济结构转换中的中央银行信贷理论与信贷政策》, 博士论文。

唐羽, 2011:"进一步提升信贷政策有效性的思考",《甘肃金融》2011年第2期。

陶诚, 2011:"信贷政策与信贷结构调整效应研究",《中国金融》2011年第3期。

谭燕芝, 2009:"农村金融发展与农民收入增长之关系的实证分析:1978-2007",《上海经济研究》第4期。

托马斯·赫尔曼、凯文·穆尔多克、约瑟夫·斯蒂格利兹, 1997:"金融约束:一个新的分析框架",《经济导刊》第5期。

王检贵,2002:《劳动与资本双重过剩下的经济发展》,上海三联书店。

王砚峰,2012:"中国绿色信贷的政策与实践",《绿叶》2012 年第 7 期。

万安培,1998:"租金规模变动的再考察",《经济研究》第 1 期。

西村清彦,2012：在澳大利亚储备银行与国际清算银行联合研讨会上的演讲。

夏斌,2002:"当前企业资金确实偏紧",《上海证券报》7 月 20 日。

谢多,2011:"加强宏观信贷政策指导支持和促进民生事业发展",人民银行网站 3 月 8 日。

谢平,2000:"新世纪货币政策的挑战",《经济研究》第 1 期。

谢平、沈炳熙,1999:"通货紧缩与货币政策",《经济研究》第 8 期。

谢艳、覃琪,2012:"差别化住房信贷政策及其实施效应评估:广西实证",《区域金融研究》2012 年第 2 期。

徐锋、陈升瑜,2012:"小额信贷监管问题的分析与思考",《商场现代化》2012 年第 6 期。

徐诺金,2005:"论我国的金融生态问题",《金融研究》第 2 期。

许进,2009:《中小企业成长中的融资瓶颈与信用突破》,人民出版社。

亚当·斯密,1997:《国民财富的性质和原因的研究》,商务印书馆。

约翰·科迪等主编,1992:《发展中国家的工业发展政策》,经济科学出版社。

约翰·梅纳德·凯恩斯,1999:《就业、利息与货币通论》,商务印书馆。

姚洋,1998:"小农与效率",北京大学中国经济研究中心论文。

燕娥,2012:"完善绿色信贷政策体系",《中国金融》2012 年第 10 期。

易纲、陈昕,1996:《中国的货币、银行和金融市场:1984–1993》,上海三联书店,上海人民出版社。

藏旭恒,1994:《中国消费函数分析》,上海三联书店。

张维迎,2001:《产权、政府与信誉》,上海三联书店。

张新泽,2001:"不是通货紧缩,是信贷萎缩",《改革》第 3 期。

张秋舫,2000:《迈向 21 世纪我国城市住宅需求的发展趋势》,"国贸房展会"发言稿。

张爱红,2008:"信贷资产证券化业务的问题与挑战",《经济与金融》2008 年第 3 期。

张帆，2011："差别化信贷政策的有效性分析"，《理论探讨》2011年第2期。

张善杰、吴静、李志全，2001："信贷政策产品化的创新路径：山东案例"，《金融发展研究》2011年第3期。

张旭东，2012："山东差异化信贷政策支持小微企业发展"，《新重庆》2012年第2期。

郑华钧，2012："依据国家绿色信贷政策搞好银行绿色信贷管理"，《经济师》2012年第2期。

郑江淮、高玉泽，2000："中国金融发展与银行绩效决定因素：1993–1998"，《经济理论与经济管理》第6期。

中国人民银行常德市中心支行课题组，2009："提高信贷政策执行力：国际经验及启示"，《武汉金融》第9期。

中国人民银行货币政策分析小组："中国货币政策执行报告"（2001年第四季度至2012年第三季度），中国人民银行网站。

中国人民银行货币政策分析小组，2001："低物价水平下的货币信贷运行的结构变化"，《金融研究》第9期。

中国人民银行货币政策司，2002a："进一步推动消费信贷健康发展"，《经济日报》4月3日。

中国人民银行货币政策司，2002b："中国消费信贷发展报告"，《金融时报》4月24日。

中国人民银行研究局课题组，1999："中国货币政策分析"，《经济研究》第3期。

中国人民银行统计司，2002："贷款持续稳定增长，信贷结构明显改善"，中国人民银行内部文稿。

中国人民银行统计司，2001："中小企业贷款调查报告"，中国人民银行内部文稿。

中国人民银行忻州市中心支行课题组，2010："信贷政策执行情况评估机制研究"，《华北金融》2010年第7期。

中国人民银行三明市中心支行课题组，2012："绿色信贷政策实施效应与优化选择路径研究"，《福建金融》2012年第5期。

中国社会科学院经济研究所宏观课题组，1999a："投资、周期波动与制度性紧缩效应"，《经济研究》第3期。

中国银鉴会,2012:"国际咨询委员会会议报告(2012)"。

周慕冰,1993:《西方货币政策理论与中国货币政策实践》,中国金融出版社。

周小川,2005:"法制金融生态",《中国经济周刊》第 3 期。

周业安,2000:"金融抑制对企业融资能力的影响分析",载《金融发展与企业改革》,经济科学出版社。

诸撄宁,2012:"浅析小额信贷在国内发展",《科技视界》2012 年第 21 期。

后 记

本书的主要思路及部分内容，来自我的博士论文。十年前，论文通过评审后，即束之高阁。此后数年，我在原稿基础上重新撰写，但因工作原因，时断时续。

读博毕业那年，正值"非典"肆虐，北京仿佛穿越回了燕京。那段日子如今已迷雾重重。"凡事到了回忆的时候，真实得像假的一样。"透过眼前既熟悉又陌生的文字，我才依稀想起自己曾如何"存在"。

十年来，我的人生轨迹超出最初想象，我的工作领域也已远离本书主题。但内心的思考从未停止，更得以旁观者的角度，重新审视和思考这一主题，使之思路更加清晰、逻辑更加严密、内容更加丰满。

感谢北京大学刘伟教授，他的指导历久弥新。感谢人民银行徐忠博士、泰康人寿张敬国博士无私贡献自己的思想和智慧。他们长期从事相关领域的研究，有理论和实践上的发言权。感谢北京工商大学林长泉博士，他承担了书中部分数据的整理工作。我十分珍视他们的宝贵意见，同样珍惜我们彼此的友谊。

特别感谢中国言实出版社总编辑王昕朋。正是在他的支持和鼓励下，我一次次鼓足勇气，整理思绪。他的鼓励，就象是孤独的长跑者在最后一圈冲刺时耳边响起的铃声。

最后，感谢我的家人。他们是我身心的一部分，是我不断前行的动力。

2013 年 6 月 12 日于北京